"成都教育丛书"编委会

主　　编：谭文丽
副 主 编：袁　文　薛　涓
编　　委：黄祥勇　张学兰　何赳立　王　琴

成都教育丛书

本真阅读的
诗意行走

BENZHEN YUEDU DE
SHIYI XINGZOU

刘勇 / 著

四川大学出版社

项目策划：梁　平　杨丽贤
责任编辑：杨　果
责任校对：孙滨蓉
封面设计：璞信文化
责任印制：王　炜

图书在版编目（CIP）数据

本真阅读的诗意行走 / 刘勇著. — 成都：四川大学出版社，2020.10（2024.6 重印）
ISBN 978-7-5690-3900-9

Ⅰ．①本… Ⅱ．①刘… Ⅲ．①阅读课－教学研究－初中 Ⅳ．① G633.332

中国版本图书馆 CIP 数据核字（2020）第 189985 号

书　名	本真阅读的诗意行走
著　者	刘　勇
出　版	四川大学出版社
地　址	成都市一环路南一段 24 号（610065）
发　行	四川大学出版社
书　号	ISBN 978-7-5690-3900-9
印前制作	四川胜翔数码印务设计有限公司
印　刷	永清县晔盛亚胶印有限公司
成品尺寸	148mm×210mm
印　张	8.625
字　数	228 千字
版　次	2020 年 11 月第 1 版
印　次	2024 年 6 月第 2 次印刷
定　价	75.00 元

四川大学出版社
微信公众号

成学 功有 之良 都教

成都市教育局

"成都教育丛书"学术顾问顾明远 2016 年 5 月题于成都

"成都教育丛书"总序

成都是我国西部重镇，文化历史名城，历史悠久，人文荟萃。成都人历来重视教育，有建于二千一百多年前的文翁石室，也有 21 世纪以来建设的优质学校。新中国成立以后，特别是改革开放以来，成都教育有了巨大的发展，率先普及了九年义务教育，率先进入了教育相对均衡发展的行列，教育改革取得了丰硕成果。

为了记录成都教育改革发展的轨迹，总结成都教育改革和发展的经验和成果，体现成都教育的历史积淀，展示成都广大教育工作者的实践创新、典型经验和学术成就，成都市教育局正式启动"成都教育丛书"工程。这是一项有巨大意义的事件，它不仅记录了成都教育工作者辛勤劳动、取得巨大成就的足迹，而且丰富了教育学术宝库，为成都教育今后发展奠定可持续的基础，同时必将在全国教育界产生重大影响。

当前，我国教育正处于发展的关键时期。国家正在制定2030 年全面实现教育现代化的规划。教育现代化主要体现在教育的全纳性、终身性、个性性、多样性、信息化、科学性、国际性、法治性等多个方面。坚持把立德树人作为教育的根本任务，培养具有社会责任心，有创新精神和实践能力，并具有国际视野的中国公民，关键是要树立现代教育的观念，树立"儿童第一""教育第一"的理念，以改革创新为动力，建设现代学校制度，改革人才培养体制和方式。要继承我国优秀文化传统，充分吸收世界优秀文化成果，建设具有中国特色的社会主义教育现代化体系。

我与成都教育有不解之缘。早在 20 多年前的 1996 年，在我任中国教育学会副会长之时，就应成都市青羊区教育局之邀，参加了青羊区教育综合改革的论证会，中国教育学会又在青羊区召开过学校、家庭、社会三结合现场会。2001 年我任中国教育学会会长以后，首先将青羊区作为中国教育学会的教改实验区，以后又将成华区纳入进来。自从 20 世纪 90 年代以来，我几乎每年都到成都。我到过青羊区、金牛区、锦江区、成华区、双流区、蒲江县，今年又到了青白江区。成都 20 多年来的教育改革和发展，可说我是真实的见证人。

"成都教育丛书"邀我作序，我觉得十分荣幸，就写上这几句，是为序。

2016 年 5 月 30 日

注：顾明远先生系著名教育家、中国教育学会名誉会长、北京师范大学教授、博士生导师。

序

顾之川①

　　我认识刘勇虽然已经有十多年了，但为他的书作序却还是第一次。大约十多年前，西南五省区中学语文教学专业委员会在丽江古城举行年会，时任云南省中学语文教研员的孙群老师邀我去讲学。现在想来，那真是一次愉快之旅：住在温馨别致的李家客栈，到丽江郊外鱼塘品尝多种鱼鲜，游览巍峨壮丽的玉龙雪山，参观束河古镇茶马古道博物馆。更重要的是，与来自成都双流的几位青年教师不期而遇。有棠湖中学的杨开清、朱建群，还有双流教研室和其他学校的几位老师。因为内子是成都人，所以尽管是第一次见面，却让我有"他乡遇故知"之感。我们相约夜游四方街，在穿街绕巷的玉泉水边放河灯，饮酒聊天。后来，杨开清、朱建群一起被调到新建的棠湖外国语学校，邀我和史绍典先生一同前往。那是一座非常美丽的校园，到处生机勃勃。活动中有一节展示课，讲的是人教版初中语文教材七年级上册的一首诗——何其芳的《秋天》，执教者就是刘勇。他对教材的精准把握，娓娓道来的生动讲授，给我们留下深刻印象。

---

　　① 顾之川，浙江师范大学教授，中国教育学会中学语文教学专业委员会理事长。

　　从那以后，我与刘勇以及棠湖外国语学校语文组同仁之间的交往就逐渐多了起来，彼此结下不解之缘。近年来，四川尤其是成都的语文教研活动非常活跃。我也经常到成都，只要时间允许，我总会与他们见个面。2014年，成都市教育局与中国教育学会联合启动"未来教育家"培养工程，刘勇和成都七中特级教师黄明勇邀我做他们的指导教师。孟子尚把"得天下英才而教育之"作为君子"三乐"之一，甚至"王天下而不与存焉"，我当然也当仁不让，义不容辞，乐于做他们的"师傅"。这种亦师亦友的关系，更拉近了彼此的距离。我也尽可能地为他们的专业成长创造一些机会。这几年，他们在专业上突飞猛进，研究成果日渐增多，由成都走向四川，进而走向全国，影响也越来越大。刘勇不仅加入了卿平海语文名师工作室、何立新名师工作室，而且还有了他自己的语文名师工作室。看到他一步一个脚印，努力奋进，持续前行，成绩卓然，我不禁为他点赞，也深感欣慰。

　　刘勇在语文教学上行稳致远，对青年教师专业发展具有某种启示性意义。

　　第一，教师应是读书人，语文教师尤其如此。近年来，他在教学一线教语文，还承担着繁杂琐碎的行政工作，却仍然坚持读书，范围涉及哲学、教育、文学、艺术等领域。阅读，让语文教师回归了"语文人"的本真状态。广泛阅读无疑使他视野开阔，内心丰盈，既愉悦自己，也惠及学生。正所谓习惯成自然，他课堂里的"语文味"也就越发浓厚了。更值得一提的是，近几年，刘勇先后到美国、英国和芬兰等多个国家考察学习，比较中外课堂教学模式和教学方法，研究中外教育思想和教学理念，探索中国教育的落地路径，这无疑大大开阔了他的视野，使他能在一线教师中脱颖而出。

　　第二，课堂教学既要实又要活。在刘勇看来，校园里的每一片树叶都是语文的，班级里每一个孩子都是富有诗意的。他放手让学生自己改作文、编小报、创办文学社、编辑班刊，组织开展"新书推荐""名著阅读""随笔点评""快乐语文"等创意教学，甚至把音乐、电影引进课堂。他的课上得有广度，有深度，更有温度。我观察过他的课堂教学，犹如春风化雨，师生其乐融融。随意查问学生，都能感受到他们对语文的那份热爱。吕叔湘先生曾说语文教学"关键在一个'活'字"；刘国正先生认为语文教学一要"实"，二要"活"。我想，刘勇做到了。

第三，实践性研究出真知。刘勇提出"阅读在左，表达在右"的观点，不仅在教学中坚持读写结合，更重要的是坚持教学实践和教学研究一体化。他不只埋头教书，不搞书斋式的纯课题研究，而是在自己和主管学校的课堂教学中研究实际的教育问题，在实践性研究中提炼课题，以课题研究促进教师专业成长，引领全校教育教学迈上新台阶。我认为，这是基层学校教育科研的基本功能和最大效益，也是我愿意为他的"本真语文"摇旗呐喊的动因所在。

刘勇倡导并践行"本真语文"，在实践中提炼出"本真语文"的核心要义，并借助"道、术、器、用"进行梳理，初步构建起自己的教育理论与实践体系，具有较强的创造价值和实践价值。他主张语文教学要回归语文教育的生命本真，回归语文教学的学科本真，回归语文学习的过程本真，回归语文素养的生长本真。这是他和他的团队多年学习、研究、探索和实践的成果，可喜可贺。

回归语文教育的本真，是刘勇的不懈追求。本书取名为《本真阅读的诗意行走》，很别致，也颇具特色。让阅读回归本真，让教学充满诗意，二者恰是阅读教学的本质追求。全书围绕着阅读教学展开，意在让阅读真正走进每个孩子的心灵，点亮每个孩子的"阿拉丁神灯"，也让阅读成为师生的一种行走方式，甚至一种生活方式。

本书上编是"阅读的本真样态"，全面阐述了本真阅读的本质、策略、标准、路径，体现了研究的感性自觉和理性高度。刘勇用现身说法，生动诠释了教师爱阅读才爱教阅读、会阅读才会教阅读的教学理念和修炼路径，从"五读"策略中创设了教师备课的行走路线，从语文味、自主性、品质感三维中建构了本真阅读课堂"审美标准"，并创建本真阅读课堂（ASK）观察量表，促进了"本真语文"落地生根。

下编"阅读教学的诗意行走"，用案例具体阐述了作者对不同课型教学的探索。"我的教学主张""我的课堂实录""我的教学感悟"记录着跋涉的艰辛，承载着探索的乐趣，也道出了语文人的获得感、成就感与幸福感。"我的好友点评"很有创意，邀请了徐杰、程少堂、肖培东、李德树、何立新、史绍典、靳彤等语文同行点评。这些老师都是我国目前有着广泛影响的实力派名师，他们的点评共同演绎着语文课的美丽与精彩，这无疑别开生面，相信本书能带给读者不一样的感受与启迪。

雨果曾说，风格是打开未来之门的一把钥匙。布封曾说，风格即是人的本身。刘勇所追求的"本真阅读"，讲述着他自己的阅读历程、教育心路和教学故事，也预示着他将一往无前地研究阅读教学，继续行走在"本真阅读"的坦途上。通过本书，我们看见一位坚毅、豁达而睿智的阅读者，一位安心从教、静心从教的教师。

《中国教育 2035》提出，到 2035 年，我国要"总体实现教育现代化，迈入教育强国行列"。教育现代化的前提是教师队伍现代化、教师素质现代化。2018 年教师节，习近平总书记在全国教育大会上指出："教师是人类灵魂的工程师，是人类文明的传承者，承载着传播知识、传播思想、传播真理，塑造灵魂、塑造生命、塑造新人的时代重任。"刘勇正当壮年，我衷心希望他再接再厉，继续演绎语文人的精彩人生；同时也期待涌现出更多更优秀的语文名师，共同撑起我国语文教育的美好明天。

2019 年 3 月 18 日
于京东大运河畔之两不厌居

目　　录

上　编　阅读的本真样态

下 编 阅读教学的诗意行走

上　编

阅读的本真样态

屡叩黉门探本真，
卅年辗转欲拂尘。
可怜俗世多故垒，
长夜举觞伴孤灯。

本书探讨"本真语文"视野下的阅读教学，即阅读教学回归本真的理念、路径和策略。

上编从"回归什么""如何回归""回归标准""学会阅读"等四个方面探讨本真语文的行动纲领，此四者乃语文教学回归本真之"道""术""器""用"也。道，理念和方向；术，流程和方法；器，工具和标准；用，应用和实践。"以道御术，以术选器，以器致用"，形成本书得以自洽的逻辑体系。

下编从"还魂、护根、壮行、落地"四个维度探讨本真语文的诗意行走。生动的教学案例展现了本真语文阅读教学的生命气象、学科特质、操作过程和素养生成。

作者提倡的"本真阅读"，可以用"四五三"来简要概括，即阅读教学的四大回归策略、五条实践路径以及三种审美标准（见图），它们分别是本真阅读教学的动力系统、方法系统和目标系统，这三大系统保障了语文阅读教学回归本真，呈现诗意，启迪智慧，助力成长。

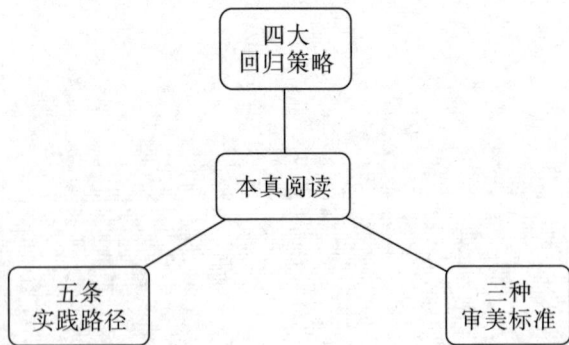

四大
回归策略

本真阅读

五条
实践路径

三种
审美标准

读懂学生、读懂文本、读懂课堂、
读懂表达、读懂成长

语文味、自主性、品质感

如图所示概括难免不够周全，甚至挂一漏万，然"道生一，一生二，二生三，三生万物"。诚然，在教育教学中，教师难以企及"圣人"的高度，但不难做一位"真人"。坚守教育的初心，才能坚守语文教育的本真。笔者还固执地认为，教师爱阅读才能爱教阅读，会阅读才会教阅读，才能诗意地行走于三尺讲台之上；学生爱上了阅读，学会了阅读，才能找到未来生活的诗意行走方式。

第一章　本真语文的诗意坚守

一个小男孩曾问叶嘉莹：什么是诗？叶先生反问：你的心会走路么？小男孩疑惑地摇了摇头。叶先生笑了笑，问男孩：你的故乡在哪里？是否想念那里的亲人？男孩回答得干脆：远在河南开封，常想爷爷奶奶。先生点头说：对了，想念就是心在走路，而用美好的语言将这种想念表达出来，就是诗。

叶嘉莹先生认为，"诗"就是心在走路。语文教育也应该是让"心"行走的教育。语文回归本真，就是坚守语文之"心"，就是用语文的方式不断前行，就是语文教育的诗意坚守。

语文诗意行走，需回归四个本真，这是本真语文之"道"：

·回归语文教育的生命本真
·回归语文教学的学科本真
·回归语文学习的过程本真
·回归语文素养的生长本真

回归，不是封闭和保守，亦不是复古和倒退；回归，是溯源和正本，是去弊和求真。母语的学习走了这么远，不应该忘记当初是如何出发的。

"不学诗，无以言"，"口语为语，书面为文"。语文，不论是语言、文字、文学，抑或语言、文章、文化，都是智性与诗性的统一。语文的教与学，应该有一种诗意的行走方式。让语文教育回归本真，就是让语文找到回家的路，就是在播种人生的诗意。

第一节　回归语文教育的生命本真

"本真语文"坚守的四个回归内容要素如图所示。这就是本真语文的诗意回归，亦是诗意坚守。

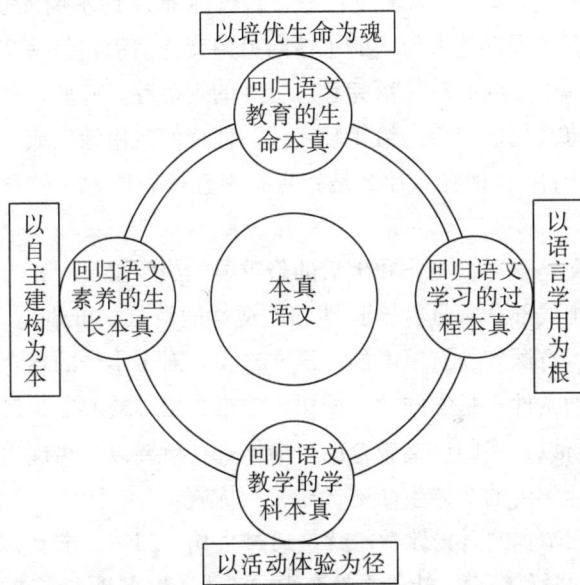

```
          以培优生命为魂
        回归语文
        教育的生
        命本真

以              回归语文              以
自    回归语文    本真    回归语文    语
主    素养的生    语文    学习的过    言
建    长本真              程本真    学
构                                用
为              回归语文              为
本              教学的学              根
                科本真

          以活动体验为径
```

四个要素中，核心的是回归语文教育的生命本真。

有一次，孔子让弟子们分别说说自己的志向。曾皙说："暮春者，春服既成，冠者五六人，童子六七人，浴乎沂，风乎舞雩，咏而归。"这是曾皙的个体生命最鲜活的诗意行走方式，孔子云"吾与点也"，他亦向往曾皙所言的境界。

教育是有境界的。这种境界源于对生命的回归：回归真我，尊重他人，热爱自然。这种境界亦体现了生命的诗意：融入天地，对话生命，享受诗意。在孔子的哲学观中，回归人性的本真与享受生命的诗意是融为一体的。

一、以生命为原点

生命，是教育永恒的原点。

什么是教育？一言以蔽之，"教"是为了"育"，教育的起点与终点都是"人"！德国教育家、哲学家雅斯贝尔斯先生强调：所谓教育，不过是人与人的主体间灵肉交流活动，包括知识内容的传授、生命内涵的领悟和意志行为的规范等，并通过文化传递功能，将文化遗产传递给年轻一代，使他们自由地生成，并启迪其自由天性[①]。他在《什么是教育》中直接表述为：教育的本质是唤醒。

语文是学习、工作和生活的最重要的交际工具，是人类文化的重要组成部分，具有工具性和人文性的特点。母语是有温度、有宽度、有深度、有厚度的。语文教育，对于生命的培育有着得天独厚的条件，是实施"立德树人"最自然、最醇美、最丰厚的学科。所以，回归语文教育的生命本真，就要以"培优生命"为魂，即让学生的个体生命更优秀、更优质。

回归本真的语文教学，就是通过去伪、归本、求真，从学科教学走向学科教育，让语文教育指向于人，服务于人，造福于人。诚如叶澜先生所言：教天地人事，育生命自觉。教育是直面人的生命，通过人的生命、为了人的生命质量的提高而进行的社会活动，是以人为本的社会中最体现生命关怀的一种事业[②]。

---

① 雅斯贝尔斯. 什么是教育 [M]. 邹进，译. 北京：生活·读书·新知三联书店，1991：3.

② 本刊记者. 为"生命·实践教育学派"的创建而努力——叶澜教授访谈录 [J]. 教育研究，2004（2）：33-37.

2004 年,《秋天》一诗的教学得到了顾之川先生和史绍典先生的高度评价。顾先生认为,首先引导学生通过读诗、赏诗,最后落实到写诗这么一个过程,真正让学生了解到诗歌的美好,能够进入诗歌的意境,这节课达到了预期的目的。史先生认为,这堂课设计和呈现都很美:音乐很美,图画很美,老师的语言很美,学生创作的诗也很美。现在十三四岁的学生正是写诗的时候,不能剥夺学生写诗的权利。我们通过掌握读诗的情感,读诗的意境,读诗所蕴含的各种各样的美,然后把它渗透到我们的骨髓里面,成为我们自己的东西,以诗的形式表现出来,这就是最好的呈现。教学目的达到了,情感价值观也体现了。

2005 年,在省教厅组织的省级骨干教师讲师团送教活动中,笔者分别到绵阳、宜宾、乐山、资阳等地送教,深受好评。上完《就英法联军远征中国给巴特勒上尉的信》后,冷怀清老师在博客中叙述道:刘老师以他潇洒的气度、良好的文学修养、大气而精致的课堂设计,赢得了阵阵掌声。尤其是在凄婉的音乐声和侵略者对圆明园的大肆烧杀掠夺的视频背景下,他那如泣如诉的诗一般的解说,使得台下不少师生心潮澎湃,眼含热泪。课前,全场寂然;课中,全场肃然;课后,全场喧然,人们仍抑制不住满心震撼,满脸堆喜,满眼放光。

统编教材中《诫子书》是蜀汉丞相诸葛亮给儿子的家训,是古代家训中的名篇。笔者引导学生比、对、读、议《诫子书》《朱子家训》《曾国藩家书》《傅雷家书》等不同时代、不同风格的典范家训,触摸家训的动人情怀,探寻家训的文化内核,习得家训的阅读方法。

我始终坚信,在母语中,每一个字都有一颗心,一个灵魂。那一个个灵动厚重的汉字,那一篇篇真实个性的散文,那一首首情景相融的诗歌,那一章章引人入胜的小说……字里行间无不汩汩流淌着精神的清泉。语文课堂教学的真谛就是要用情感去激励、用思维去引领，让诗意浪漫的语文课堂真正成为师生互动、心灵对话的舞台，让激情燃烧的师生共同编织爱与美的童话，创造真与善的奇迹。

与"应试"和"灌输"相对的，就是"化育"和"润泽"。以生命为原点的教育，就是让课堂呈现"化育"和"润泽"的境界与气象。以生命为原点的阅读教学，就是让学生爱上经典，爱上阅读，爱上汉字，爱上汉语。如此，师生的个体生命会更加美好，更富诗意，更臻优质。

二、以立人为境界

面对应试教育有两种方略：一种是完全把赌注压在应试教育上，竭尽全力让孩子成为优胜者。如果赢了，不过是升学占了便宜而已；如果输了，就输得精光。另一种是把重点放在素质教育上，适当兼顾应试，即使最后在升学上遭遇了一点挫折，素质上的收获却是无人能剥夺的，必将在孩子的一生中长久发生作用[①]。

我们认为，语文应当以立人为境界，要坚守"课立则人立"的观念，教师要"立言、立功、立德"，从而让学生"成事、成才、成人"。语文课堂是"立德树人"的阵地，大致可以分为三重境界（见图）[②]。

---

① 周国平. 把心安顿好 [M]. 长沙：湖南人民出版社，2011：104.
② 刘勇. 让语文教学回归本真的路径分析 [J]. 中国教育学刊，2017（特刊）：46—52.

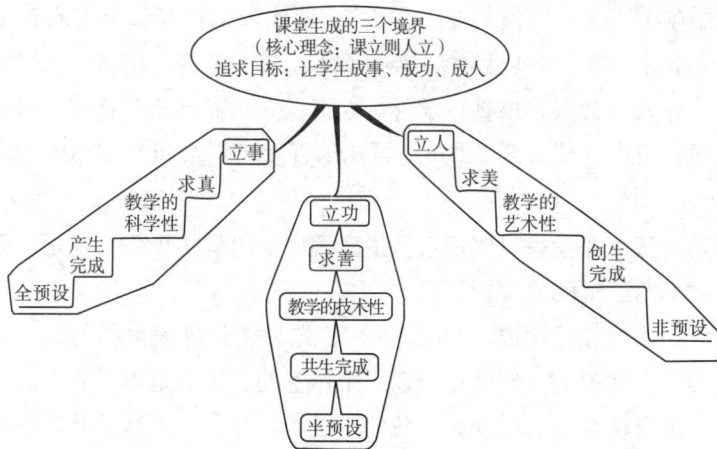

第一重境界是"全预设",它要求教师备详案。全预设之下的课堂生成,即教师精心预设,详细设计每一个步骤,课堂能够产生并完成既定预设,更多的是追求教学的科学性,其境界是"求真"和"立事",它是年轻教师成长的第一重境界。在这一境界中,教师着力于文本解读,着手于教学设计。其对于初教或久教找不到感觉的教师,效果较好,可谓"昨夜西风凋碧树,独上高楼,望尽天涯路"。

第二重境界是"半预设",它是有一定经验教师的教学追求。半预设之下的课堂生成,即教师精心预设框架,预留空白,在课堂上师生能够共同完成既定预设,更多的是呈现出教学的技术性。它是基于"求真"和"立事"基础上的"求善"和"立功",即师生均可以获得成就感。在这一境界中,教师着力于学情预估,着手于师生互动,追求不止,境界越佳,可谓"为伊消得人憔悴,衣带渐宽终不悔"。

第三重境界是"非预设",它是优秀教师追求的教学境界。教师不是没有教案,而是已经超越前面两种境界,心中有详案,眼中有学生。非预设不是不预设,而是预设在心中。它的目标直指学生的成长，其境界是"立人"，即让师生在课堂上都真正地站立起来。在这一境界中，教师着力于核心素养的培养。此境界以"立人"为宗，求真、求善，立事、立功皆已蕴含其中。达此境界真可谓善莫大焉，"众里寻他千百度，蓦然回首，那人却在灯火阑珊处"。

这三个课堂境界体现着从量变到质变的哲学规律，也是优秀教师不断追求的教育境界。

彭冯艳老师曾说："语文人，首先必须是热爱生活的人，这是师傅常常说的一句话。所以，工作室的三年既是学习充电的三年，也是诗意生活的开始。我们春赏花，夏登山，秋悟叶，冬观雪，有时静静坐下，沏一壶茶，揽一卷书，在氤氲的热气中看尽人事浮华，谈古今，吟诗词，聊语文，拉家常。"

叶嘉莹先生就是语文教育的获益者、传承者和"点灯者"。好的语文教育，应当追求理智、意志、情感的统一。它可以让热爱成为生命的底色，让语言成为生命的血肉，让诗意成为生命的光华。2016 年"影响世界华人终身成就奖"颁给叶嘉莹先生，颁奖词这样写道："从漂泊到归来，从传承到播种，有人说她是中国为数不多的穿裙子的'士'。她替未来传承古典诗词命脉，她为世界养护中华文明根系。千年传灯，日月成诗。"

培根曾言：读史使人明智，读诗使人灵秀，数学使人周密，科学使人深刻，伦理学使人庄重，逻辑修辞之学使人善辩；凡有所学，皆成性格。阅读教学是对母语文化精髓的学习和传承，是个人修身立德的根基。但我们同样需要警惕的是，当我们将"德育"视为语文教育的唯一或最重要功能时，往往会导致语文的"滑落"甚至"跌倒"。如果我们简单粗暴或赤裸裸地利用文本说教，会导致语文和德育两败俱伤：学生既讨厌我们的高大说教，甚至还讨厌阅读和语文课。每一个热爱学生和自己生命、生活的教师，都不应轻视作为生命实践组成的课堂教学，从而激起自觉上好每一节课，使每一节课都能得到生命满足的愿望①。语文，也许是离诗意最近的学科。

回归本真的语文课，就是要找回被遮蔽的教育原点，让教育唤醒人的生命意识，建构人的精神世界，提升人的生命价值。以生命为原点，以立人为境界，就是注重学生的精神成长和内在的生命品质。它让每一个人的自然生命更健康，社会生命更饱满，精神生命更丰盈。

第二节　回归语文教学的学科本真

如何回归语文教学的学科本真？答曰：以语言的学习和运用为根。

每个学科都有自己独特的价值。语文是一门学习语言文字运用的综合性的、实践性的课程。《语文课程标准》的表述清晰地回答了两个问题：一是教学什么，即"语言文字运用"；二是怎么教学，需注意"综合性"与"实践性"。一言以蔽之，语文学习的主要任务是"学习语言文字运用"。"学习"是过程，"运用"是目标，"综合性""实践性"是特征。这也是对中国语文教育历史演变梳理之后得出的结论。

孙绍振先生曾说过，重视学生对语言文字的驾驭和运用，是语文作为基础教育中一门重要学科的基本价值观②。叶圣陶先生明确论述：语文这一门课是学习语言运用本领的。张传宗说，明确语文学科的基本性质是工具性，这是学科深化改革的关键。从

---

① 叶澜. 让课堂焕发出生命活力——论中小学教学改革的深化［J］. 教育研究，1997（9）：3–8.

② 孙绍振，崔久主. 把握语用规律，坚守语文正道——孙绍振教授访谈录［J］. 语文教学通讯，2016（10B）：19–22.

工具性出发，语文教学的基本任务是进行读写听说系统的语言教学。语言教学是整个学科的基础和核心[①]。

我们认为，"语言"是语文学科内容的智能载体，是教育的最有力资源凭借和学习抓手。应当按照汉语学习的规律，通过科学的语言实践活动，提升理解和运用汉语言文字的能力（如图所示）。为了强化初中语文学科的基础性与工具性，我们将初中语文学科素养归纳为言语方面和心意方面的素养，并且把"语言方面"的素养分解为"阅读理解"（学得优秀作品的言语智慧）与"表达运用"（习得自身表达的言语智慧），并强调学习与运用并重，知识与能力齐飞[②]。

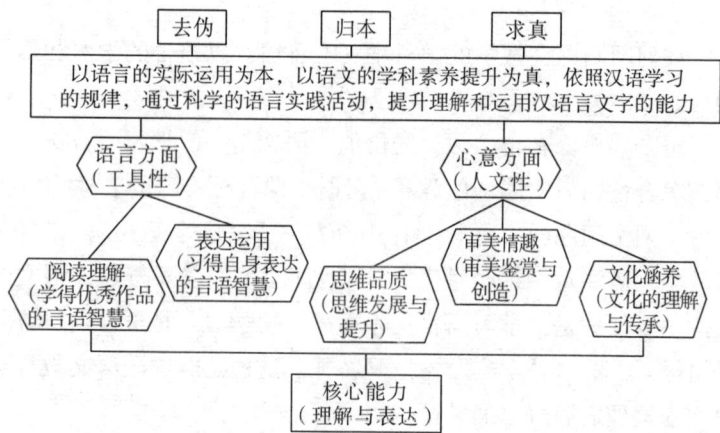

一、以语言为内核

如何以语言为核心呢？就是语文教学活动应该充分体现"语

---

① 张传宗. 论语文学科如何深化改革 [J]. 中学语文教学，2017 (4)：4-9.

② 刘勇. 让语文教学回归本真的路径分析 [J]. 中国教育学刊，2017 (特刊)：46-52.

言"元素，要紧紧围绕语言去展开，具体表现在语言品读、语言理解、语言积累和语言运用等方面。"立言"，才是语文学科的图腾与信仰，是语文教育的终极目标①。

立汉语之言当爱汉语之形。汉字的创制和应用不仅推进了中华文化的发展，还对世界文化的发展产生了深远的影响。我们认为，汉字以汉语言之形，达汉语言之意，孕语言之味，塑语言之美，亦即通过汉字实现汉语的基础层、意蕴层、发展层和境界层（见图）。

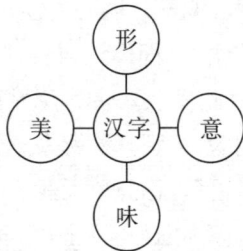

形象性是汉字的第一大特征。小小一个汉字，承载着中国历史文化的本源信息。其显著的特点是字形和字义的联系非常密切，具有明显的直观性和表意性。汉字反映了中国人自古以来的生存环境、社会环境、物质生活、精神生活和情感生活。考古科学发现，6000年前的半坡遗址就有可以称为汉字的刻画符号。汉字展现出中国的山川、植物、动物、房屋、车辆、道路和船舶等，还表现了中国人的劳动、风俗、习惯、思想、情感等情况。

有意义是汉字的第二大特征。汉字的生命力首先源于它适应汉语的特征。汉语是单音节语素语言，一般一个汉字一个音节，形、音、义契合汉语特点，完美地实现承担记录汉语的表达功能。作为形、音、义立体组合的表意文字，其核心"字义"十分

---

① 郑秉成，潘新和. 为"立言"的知、情、意素养培育［J］. 中学语文教学，2016（6）：11—14.

稳定；其书写"字形"可以根据时代发展不断简化或者繁化；其"字音"可以根据不同区域方言系统要求发音，无论"形、音"如何变化，但意义终究不变。这一开放性与恒定性结合的特点，使得汉字具有顽强的生命力和对外的辐射延伸能力。汉字的表意性使汉字成为世界上单位字符信息量最大的文字，因此容易辨识、利于联想，这也为加快阅读速度带来极大的便利。

有味道是汉字的第三大特征。汉字有韵味、理味和情味，这也是汉字独一无二的特点。你看，"悟"字，从左到右是"心中的我"，从右到左是"我的心"，明心见性、发现自我。古代禅师认为生的最高境界是"悟"，即体认自性、超越生死；今人认为"心有灵犀一点通"。由此发散，古人称精通行军作战为"智"，称清心净虑、洞察真相为"慧"，称醒来感知清晰为"觉"，称明心见性、发现自我为"悟"，称简单无我、自然率性为"禅"。你再看"醉"字，醉，金文"![金文醉]"＝"![酉]"（酉，即"酒"）＋"![舌]"（舌，表示张口啜饮）＋"![水]"（水，酒液滴漏），表示饮酒失控，满嘴酒话；有的金文"![金文醉]"＝"![酉]"（酉，即"酒"）＋"![人]"（像一个站立不稳、却手舞足蹈的人），表示因饮酒过度而站立不稳又手舞足蹈。篆文"![篆文醉]"＝"![酉]"（酉，即"酒"）＋"![卒]"（卒，最后、最终），表示不断饮酒的最后结果，强调"醉"是过度饮酒，超过酒量极限。造字本义：形容词，饮酒过度，神志不清。隶书"![隶书醉]"将篆文字形中的"![酉]"写成"![酉]"，将篆文字形中的"![卒]"写成"![辛]"。饮酒过量而神志不清为"醉"，由沉醉迷糊到神志清晰为"醒"。

汉字还有趣味。汉字契合汉语语序这一最重要的语法表达手段，古典诗词曲赋讲究字数对等、节律对应。例如"客上天然居"，可以从左读起，也可以从右读起，各有含义。再如："枯藤老树昏鸦，小桥流水人家，古道西风瘦马。"通过字词组合，文意清晰；词中有画，景中生情。还有太多太多有关汉字的趣谈，读来口舌生津。

汉字的横竖撇捺、形神都体现着独一无二的书写乐趣和艺术境界。每一个汉字背后，都深藏着一个精彩的、引人入胜的故事。当我们在阅读这些故事的时候，仿佛走入了古人的生活，他们的悲欢离合、爱恨情仇透过汉字淋漓尽致地表现了出来。汉字维系着中华文明的血脉，从古到今，薪火传承，生生不息①。

有美感是汉字的第四大特征。汉字有着深厚的文化意蕴、独特的文化魅力，潜藏着丰富的审美价值。汉字有形体之美，如"明"字，汇聚着"日"和"月"的光辉，日光或月光将空间照亮。汉字有字义之美，如"仁"字，是人与人（二人），讲的是人与人要和谐相处。汉字还有字容之美，如"喜"字，立见喜悦；"美"字，显得美妙。汉字有字音之美，如"溪水淙淙"，"牛儿哞哞"，"伐木丁丁"。汉字亦有艺术之美，汉字源于图形文字，其方块形状留有图画的痕迹，书写时很容易以书写者的美感认识加以美化，成为艺术文字，进而发展成书法艺术。这些美感，让汉字美美地书写了中华民族的历史，美美地承载着光辉灿烂的中华文化，美美地维系着中华文明数千年绵延不断向前发展。

鲁迅先生曾说中国文字具有三美：意美以感心，一也；音美以感耳，二也；形美以感目，三也。汉字还具有连绵之美、骈俪之美、四声之美等。同声母者，如闺阁、流离等，称之为"双声"；同韵母者，如砥砺、婆娑等，称之为"叠韵"；同字相叠者，如迟迟、萋萋等，称之为"叠词"。如李清照的"寻寻觅觅，冷冷清清，凄凄惨惨戚戚"，同字相叠，境界顿出。古有骈赋、文赋之分，骈赋严格按四、六字两句对仗，这四、六字，来源于

---

①　孟于翀. 话说汉字［M］. 北京：中国华侨出版社，2017：2.

《诗经》和《楚辞》。《诗经》多四字，如"关关雎鸠，在河之洲。窈窕淑女，君子好逑"；《楚辞》多六字，如"抚长剑兮玉珥，璆锵鸣兮琳琅"。至唐代之律诗，则多用五字与七字，如杜甫"无边落木萧萧下，不尽长江滚滚来"。文赋则有骈俪之意味，在字数上不一定苛求，亦不必如律诗对仗工整，如司马迁《报任安书》等。中国文字又兼四声：平声（包括阴平、阳平）、上声、去声、入声。四声之运用，更增音调之美，或悠扬，或急促，或舒缓，或激扬，读之沉醉其中，余音绕梁，不能自拔。

从文字走向文章、文学，且蕴含审美与文化，更是气象万千、纷繁复杂，真可谓"一字一菩提，一文一世界"。由汉字巧妙组合而形成的文章、文学，具有丰富多彩和汪洋恣肆的宏大局面。复旦大学朱立元教授认为文学作品的语言分为五个层次：语音语调层、意义建构层、修辞格层、意象意境层、思想情感层。这些层次的划分，亦是基于汉字的基本特征而形成的，启发我们认识汉语言教学的内在核心当是以汉字为基础的汉语言的"形意味美"。

当然，黑格尔还认为"审美有令人解放的性质"，真正的审美是源于心灵的文化审视。细细端详和凝视，每一个汉字都显露着文化"风骨"，散发着本源之"精气"，让我们的学生在一字一句间感知文化的魅力，在一点一滴中积累文化的素养。

二、以共生为特质

语文教学的难度在于没有现成的教学内容。如何将教材中散篇的"文选"转化为有价值的教学内容，考验着语文教师的水平。王荣生在《语文教学内容重构》中鲜明地指出：教材只是语文教学内容一种潜在的存在。语文教学的过程，就是语文教学内容不断生成并完成的过程，文本、教师、学生、资源，甚至情感等，都可以转化为合宜的教学内容。

语文教学强调的就是"言意共生"。"言""意"是一体的，不可分割的。没有只得"意"不得"言"的教学，也不存在只得言不得意的教学，这是阅读教学的客观规律，不以人的意志为转移。黑格尔认为：没有无形式的内容，正如没有无形式的材料一样。只有内容和形式都表现为彻底的统一，才是真正的艺术品。

言意共生，是阅读教学"回家的路"。"言"，就是说话。"意"按字形，乃"心音"也。汉代董仲舒《春秋繁露》语：心之所之谓意。《朱子语类》卷五云：意者心之所发。所谓"意"，主要是指文本语言中所表现出来的内容、思想、情感等。重"言"不重"意"，语文会低矮；重"意"不重文，语文会空乏。

在语言的学用方面，我们提倡从"言语形式"走向"言语内容"，然后再从"言语内容"回归"言语形式"……以螺旋上升的形式提高学生的语文素养，让学生站立成大写的人[①]。我们不能将语文简化、矮化为"语言文字"，要在"学习语言文字运用"的基础上水到渠成地渗透情感性与人文性。一言以蔽之，应强化"言语方面"的学习，渗透"心意方面"的内容，达到"言意共生"的境界。诚如张传宗所言，语文学科最后需要着重研究的问题是：如何从语文学科的基本性质和语言教学的基本任务出发，在语言教学体系的基础上，带动思想教育、文学教学和科学文化知识教学，包括课外学习语言和校外实践语言[②]。

言意共生，是语言学习与运用的基本路径。自古以来，文章写作、文学创作和语文教学都以言意关系作为本体，要求学习者和运用者徜徉于言意之间，斟酌于言意之际，创造于言意之途，从而摸索出、探究出、体验出言和意之间的那种十分微妙而又灵

---

① 刘勇. 科学而理性地选择教学内容与教学策略 [J]. 中学语文教学参考（中旬），2017（4）：21—24.

② 张传宗. 论语文学科如何深化改革 [J]. 中学语文教学，2017（4）：4—9.

活的对立统一的辩证关系，最终走向对言和意生成过程和规律的自由掌握和灵活运用。这样，言意二者同观互照，相辅相成，彼此融合，最终达到亦言亦意，非言非意，言意同构共生，促进生命质量提升和发展的美妙境界。

言意共生，是阅读教学的基本规律。言意关系的建构是一个动态的、难以把握的过程，是一个艰难的、充满无数变异的过程，是一个不断寻求规律又不断打破规律的过程。语文不是单纯进行语文知识学习和技能训练，不是单纯用人文精神来教育学生，也不是专门培养"语感"、学习"言语形式"……而是要让学生具有"言的意化、意的言化"的能力和智慧。

第一步是因言会意，整体感知，这是"言意共生"的起步阶段。第二步是涵泳咀嚼，言意共生，通过听、说、读、写等方式与文本对话，行走于幽静的文字丛林，徜徉于作者的心灵广场，让静止的文字符号跳跃于学生的心灵田野，从而奏响情感的美妙乐曲，实现与文本作者心与心的交流和融通。第三步是得言忘意，建构生成，教师引导学生根据文字符号所代表的话语意义而形成一定的意识，进而透过文字理解作者要表达的思想情感。

在阅读教学中，既要依"言"悟"意"，又要据"意"探"言"，探究文本的意脉是如何生成学生的话语方式的，学会作者如何用水灵灵的"言"表达无限风情的"意"，使得"言""意"共生，丰盈他们的生命，直击他们的心灵，于是"活知识"就沉淀于心，"怎么写"的智慧就了然于胸了。总之，"意"的融入需要"三应"：一是应需，就是顺应学生的需要；二是应势，依就文本的势；三是应性，融入语文学习之特性。

概言之，语文学习要立足语言又不束缚于语言，要坚守语文又不拘泥于语文，从而达到"言意共生"的境界。基于"语言"，走向"言语"，这是从共性走向个性，从理论走向实践，从概念走向生活。除课堂教学外，还应当探索以学生核心素养发展为本的生命语文课程生长观：经典阅读，以读养气；坚持练笔，以文育心；创意学习，以德立人。语文课的根本任务，就是要引领学生说铿锵有力的中国话，书端正工整的中国字，读文采飞扬的中国书，写挥洒自如的中国文，做顶天立地的中国人①。

第三节　回归语文学习的过程本真

学习是什么？

联合国教科文组织在《反思教育：向"全球共同利益"的理念转变》中指出：学习既是过程，也是这个过程的结果；既是手段，也是目的；既是个人努力，也是集体努力。学习是由环境决定的多方的现实存在。获取何种知识，以及为什么、在何时、在何地、如何使用这些知识，是个人成长和社会发展的基本问题。我们可以看出，未来的学习是多样化的学习，学习的定义和范围在不断延伸，学习的方式和路径在不断拓展。

语文学习的特点是什么？它既有学习的共性特征，又有自己的个性特征。

情意性。语文是人们表情达意的工具，工具性与人文性统一是其基本特点。语文学习，是一种充分利用学生的内在推动力的学习。入情的学习、走心的学习、有趣的学习，总是更能激发学生的学习兴趣。

模糊性。汉语言有一定的模糊性，既澄明又遮蔽，既可以单独理解又必须结合具体语境。其澄明性体现为把人类知识一代一代清晰地延续下去；其遮蔽性意味着认识了却无法找到适当的语言表达出来，或者在不同的语境中其意义和内涵又不相同。

---

① 顾之川. 论语文学科核心素养［J］. 中学语文教学，2016（3）：15—17.

体验性。汉语言文字的形象性、隐喻性、意会性和信息冗余性，决定了语文"在体验中学习，在学习中运用"的学习方式。学生在学习语文的过程中，不仅要进行理性分析，更要重视整体性感悟。

独立性。语文学习的落脚点是学生能够独立地使用语文工具，说自己的话，表自己的情，达自己的意。因此，它要求学生树立独立学习的观念，培养独立学习的能力，独立地完成语文的学习任务。

开放性。语文是母语，决定了语文学习不仅仅局限在课堂上，凡是有人群生活的地方，凡是有语言交流的场合和时机，都是语文学习的课堂。所以，语文课程标准提出了"建设开放而有活力的语文课程"的教学策略。

综合性。与其他学科不一样，语文学习既没有单一的学习路径，亦不是单纯的知识积累。学习目标、学习方式、学习内容、学习资源都充满综合性，教师应整体考虑知识与能力、过程与方法、情感态度与价值观的综合，注重听说读写之间的有机联系，加强教学内容的整合，统筹安排教学活动，促进学生语文素养的整体提高。

实践性。语文课程的实践性体现为学生运用语言的过程和结果，听说读写本身就是一种实实在在的实践行为。教师要重视学生读书、写作、口语交际、搜集处理信息等语文实践，提倡多读多写，改变机械、粗糙、烦琐的作业方式，让学生在语文实践中学习语文。善于通过专题学习等方式，沟通课堂内外，沟通听说读写，增加学生语文实践的机会。

把握语文学习的特征，有利于师生拓展学习的渠道，变革学习的方式，提升学习的品质。语文是无边的，但语文教学是有界的。回归语文学习的过程本真，一言以蔽之，在阅读教学中，只有以"活动"为载体，以"体验"为特征，才能避免"虚假学习"，才能实现真正的自主阅读和深度阅读。

一、以活动为载体①

为什么要开展活动？"综合性""实践性"决定了语文课堂的基本形式——以语文活动形式展开。语文课堂，是由教的活动和学的活动形成的一个互动共生的过程，让学生卷入式、沉浸式地学习，是母语教学的应有之意。倪文锦教授曾说：语言学习的根本途径是"在游泳中学会游泳"，即在言语实践中学习运用语言，母语教学也不例外。这不仅因为语言能力的发展离不开听、说、读、写的言语实践，更在于人的思维主要是依靠语言进行的，语言的调整即思维的调整。较之日常生活中对语言形式零碎自发的、偏重感性经验的暗中摸索，学校语文教学则走向更自觉、偏重科学理性的、多快好省的明中探讨②。

当下，有些追求所谓的"高效率、大容量"的课堂，存在内容的不断堆积、PPT的大量呈现、问答的琐屑罗列、试题的反复强化等问题，与我们的母语教学背道而驰。在语文教学中，语文的活动就应该是以语言为核心的活动，听说读写应该是基本形式。教学《木兰诗》时，花大量时间让学生欣赏动画电影《花木兰》；教学《苏州园林》，成了沧浪亭、狮子林、拙政园和留园的讲解大荟萃；教学《狼》，让学生表演狼与屠夫拼杀的场面……显然，这些活动都已经脱离了语文本身。

如何开展活动？

首先，要思考学生是怎样学的，让教与学融合，教的法子要

---

① 本节大部分内容以《让语文教学回归本真的路径分析》为题发表于2017年《中国教育学刊（特刊）》。

② 倪文锦. 语言教学是语文教学的正道［N］. 光明日报，2015－10－20（15）.

根据学的法子，学的法子要根据做的法子①。要关注学习起点，即学生学习的兴趣、时间、方法和学习能力等。所谓"阅读"，就是师生一起"悦读、品读、悟读"。悦读是激趣，品读是过程，悟读是内化。具体来说，在课堂教学中，悦读指向于"兴趣"，教师要善于创境诱思，即创设阅读情境，诱发学生思考；品读指向于"过程"，教师要善于搭建支架，即提供学习支架，推进阅读对话；悟读指向于"内化"，教师要善于点拨归纳，即适时点拨引领，适当归纳提升（见下图）。

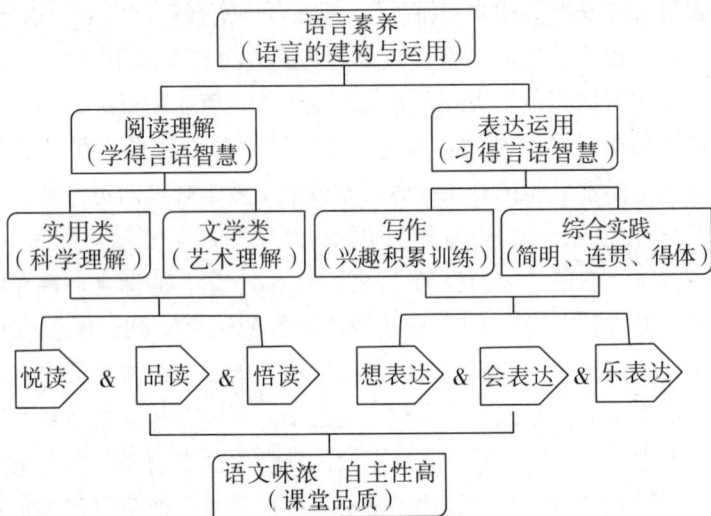

其次，课堂活动守住"三让"原则：让学生动起来，让课堂活起来，让效果好起来。教学活动的开展要符合学生语言学习的基本规律，"学得"与"习得"结合，读与写融合。夏丏尊和叶圣陶早就指出：中学里国文科的目的，说起来很多，可是最重要的目的只有两个，就是阅读的学习和写作的学习②。我们将"语

---

① 徐莹晖、王文岭. 陶行知论生活教育 [M]. 四川教育出版社，2010：21.
② 夏丏尊，叶圣陶. 文话七十二讲 [M]. 北京：中华书局，2007：2.

言方面"的学习分解为"阅读理解"与"表达运用"，强调学得言语智慧与习得言语智慧并重，强调言语实践的重要性。

上图只是一个广义的分类和模糊的建模，初中语文课堂的核心是"阅读理解能力"，根据文体的不同，又侧重在两个方面："科学理解"与"艺术理解"。"阅读理解"教学活动以"读"为核心：悦读、品读、悟读。这三个活动要素在教学中不是线性的流程，而是活动"点"的概念，即三个要素的顺序可以灵活，比重可以调整，频率可以重复。教师可以根据学情、课型、文本特质和本人个性差异，选择不同的要素组合进行教学。

追求有价值的理解与表达，是课堂教学活动的根本目的；提倡清晰适宜的活动策略与方法，是课堂教学活动展开的基本保障；创设巧妙的情境和进行精当的点拨，是提升课堂教学活动品质的有效路径。

二、以体验为特征①

我们都知道，教了不等于学了，学了不等于会了。让我看，我会忘记；让我听，我记不住；让我参与，我才会明白。

根据脑科学和学习科学的理论，学习的关键在于经历，而经历的核心是体验。体验，就是"以体试之""以心验之"，就是用实践或亲身经历来认识事物和周围的世界。体验到的东西使得我们感到真实、现实，并在大脑中留下深刻印象，使我们可以随时回想起曾经亲身感受过的生命历程，并能保持"鲜活感"和"体验感"。

阅读教学，要珍视和鼓励学生独特的感受、体验和理解，不

---

① 本节大部分内容以《何妨吟啸且徐行》为题发表于《未来教育家》2014 年第 12 期。

应完全以教师的分析来代替学生的阅读实践，在评价时，要评价学生的情感体验和创造性理解①，也就是要注重培养学生具有感受、理解、欣赏和评价的能力，这是极其重要的"关键能力"。

灌输的课堂，没有体验；功利的课堂，缺乏体验；死板的课堂，不会体验。太过功利性的阅读，目标过于明确和死板的阅读要求，不但不能提升学生的学习兴趣，反而可能煞风景，扼杀读书的兴趣②。因此需要重新定位课堂的追求：以生为本，语文味浓，兴趣值高，品位感强。课堂教学，应当善于倾听花开的声音，善于润泽学生的生命，善于化育残缺的课堂。

夏丏尊先生认为：语文教语感，语感是靠传染，应当有传染源——就是老师。周国平在《守望的距离》中说道：知识可以传授，智慧不能转让。课堂上，学生的主体与教师的主导均当有度，教师要学会有收有放，过强就会越俎代庖，过弱亦会放任自流。唯有适度，课堂才能呈现其特有的韵律和节奏，才能变预设的"原汁原味"为课堂生成的"有滋有味"。

经验有主动与被动之区分，有正面与反面之区别，把经验的主动行动的一面和被动的经受结果的一面割裂开来，就会破坏经验的极其重要的意义③。让学生体验成功，激发学习的兴趣，提升学习的动力；让学生体验挫折，增强正视困难的勇气和解决问题的能力。

以"体验"为特征的课堂就是让学生"在阅读中学会阅读""在表达中学会表达"，以"体验"为特征的课堂就是让学生动手、动眼、动耳、动口、动心的课堂。阅读是学生的个性化行为，不以教师的分析来代替学生的阅读实践。

---

① 温儒敏. 温儒敏谈读书［M］. 北京：商务印书馆，2019：9.
② 温儒敏. 温儒敏谈读书［M］. 北京：商务印书馆，2019：7.
③ 杜威. 民主主义与教育［M］. 王承绪，译. 北京：人民教育出版社，1990：165.

第四节 回归语文素养的生长本真

"教育即生长"，是杜威影响世界教育不朽的经典判断。他认为，生长的首要条件是未成熟状态，未成熟的状态就是有生长的可能性。他还强调生长的能力依靠别人的帮助，也有赖于自己的可塑性。习惯有两种形式：一是习以为常的形式，就是有机体的活动和环境取得全面的、持久的平衡；另一种形式是主动地调整自己的活动，借以应付新的情况的能力。前一种习惯提供生长的背景，后一种习惯构成继续不断的生长。最后，他指出，因为生长是生活的特征，所以教育就是不断生长；在它自身以外，没有别的目的①。

语文教育应该回归语文素养的生长特性。语文素养的提升，是一个日积月累的过程，是一个慢慢"养育"的过程，是一个只能在"自身"上渐渐"生长"的过程。语文素养的生长要以自主建构为本，一是生成，二是建构；生成是外显的特征，建构是内在的逻辑。

一、以生成为原则②

没有充分的预设就没有精彩的生成，这一理念早已达成共识。但当进入一节节不可复制的课堂，涵泳一篇篇独特的文本，面对一个个鲜活的生命时，我们该如何促进课堂教学的生成性？

---

① 杜威. 民主主义与教育［M］. 王承绪，译. 北京：人民教育出版社，1990：49—62.

② 本节以《生成性教学的境界与有效路径分析》为题发表于《中学语文教学参考（中旬）》2016年第8期。

如何培养学生的"核心素养"? 如何让语文课堂回归本真?

生成性教学需要生成性思维,这是与应试理念指导下的灌输式教学相对立的。古代孔子教育思想中的启发式、举一反三原则,苏格拉底的对话式教学蕴含着生成性思维;现当代人本主义、建构主义等理论为生成性教学提供了支持。我国教育家李吉林的"情境教学法"提出的诱发主动性、强化感受性、突出创造性、渗透教育性、贯穿实践性五个原则①,也体现了生成性思维。生成性教学不是否定预设,相反,它更加关注具体的教学事件,更加关注学生思维的生长过程和能力的提升过程,也更加关注教学的附加价值。

我国的动态生成教学,是叶澜教授最早提出的,她用动态生成的观念重新全面地认识课堂教学,构建新的课堂教学观②。后来,她在好课的标准中也特别强调"生成性":一节课不应该完全是预先设计好的,在课堂中应有教师和学生情感、智慧、思维和精力的投入,有互动的过程,气氛活跃。在这个过程中,既有资源的生成,又有过程状态生成。

笔者领头的课题组对实验学校语文教学现状及其成因进行了分析研究,归纳出促进生成性教学的"三三三"策略。我们研究发现,教师在课前能给教学活动留下发展和拓展的"空白"时空,在课中能离开甚至超越原有的思路和设计,在课后才能获得预期甚至是非预期的生长和发展。

(一)建构生成性教学的三个时段

生成虽然表现为意外的精彩,实则是千锤百炼之后的结晶,

---

① 李吉林. 情境教育的诗篇 [M]. 北京:高等教育出版社, 2004:63~64.
② 叶澜. 让课堂焕发生命活力:论中小学教学改革的深化 [J]. 教育研究, 1997 (9):3~8.

有效的生成必然离不开充分的教学准备。课堂生成的各要素之关系大致如下图所示。

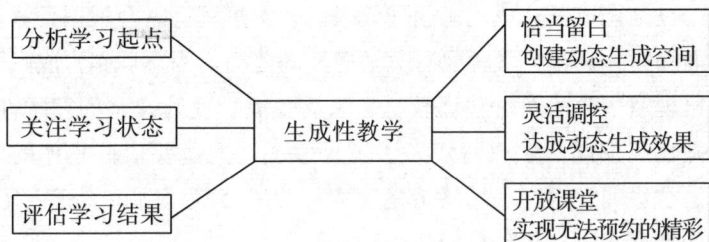

课前，分析学习起点。它的主要工作集中在课前，诸如学生学情分析、教学文本解读、方案预设，以及教师的教学心理准备。当这几者都处在和谐适度状态时，教学才是"教师"基于"学生学情"，以"文本"为载体，依照一定的"教学推进策略"而进行的学习场所，这才具有了教学生成的前提。

课中，关注学习状态。它的主要工作集中在课中，教学是一个动态的过程，课堂教学中关注学生学习状态，营造氛围、合理推进，采取一定的策略推进生成都与学生的学习状态息息相关。

课后，评估学习结果。它的主要工作集中在课后，生成是教学最后达到的效果，有反馈才能评估生成效果。反馈可以采用检测评估、互动评价、反思总结等形式。

（二）建构生成性教学的三条策略

有效生成是高效课堂所追求的目标，课题的研究重点即探寻生成的丰富策略，在研究中，我们探索出如下策略：

恰当留白，创建动态生成空间。接收美学提出"召唤结构"理论，认为文本由"否定""空缺"和"空白"组成，文本意义的未确定性，能诱导读者在阅读中发挥创造性，进行联想和想象。要让语文课堂永葆生成活力，可以从三方面着手，即学生的兴趣点、疑惑点，以及学生认知领域或文本的空白点。抓住这三点展开生成是很有效的手段，学生的求知欲被激发，课堂的精彩就会层出不穷。

灵活调控，达成动态生成效果。教学进程有时会根据具体情况而临时作调整，教师要有灵活应变的能力，当意识到生成点可能出现时，应该及时整合教材、激活生成，提升课堂的艺术性。教师在掌控课堂生成时，为了防止生成迷失，要根据具体的内容、学生的特点、现场的情境、教师的风格等综合因素来确定，做到把握火候，收放自如。

开放课堂，实现无法预约的精彩。课堂固然需要预设，但决不能拘泥于预设，如余文森教授所言：预设体现教学的科学性、计划性和封闭性，生成体现教学的艺术性、动态性和开放性①。课堂教学是一种开放性、多向性的信息交流活动，教师常处于意想不到的课堂情境中。教师当敏于倾听，尊重学情，及时跟进，从而演绎出"潜心会文，疑义相与析"的精彩对话。教师更应珍视"旁逸斜出"，善于抓住"美丽的意外"，实现意料之外的引领，拥有脱轨之后的机智，这样的课堂方能走向灵动，达到水乳交融的效果。

（三）建构生成性教学的三条路径

如果说文本解读和教学设计可以借助集体智慧和前人的经验，那么促进课堂有效生成就只能靠教师自己了——因为课堂教学中此时、此情、此境的独特，无法预设，无可复制。我们强调生成性教学的"生长感"，除了营造良好的课堂氛围之外，更重要的是要有能够促进课堂生成的有效路径。我们认为，实现生成性教学必须跨越"三重门"：艺术的课堂留白、巧妙的课堂追问和精到的课堂点评。

---

① 余文森. 论教学中的预设与生成 [J]. 课程·教材·教法，2007 (5)：19.

艺术的课堂留白。在课堂上留白，不是偷懒，不是不负责任。王尔德曾经说过："作品一半是作者写的，一半是读者写的。"我们需要在预设时有意识地"留白"，即给学生留下联想和再创造的空间。国画中有"计白当黑"之法，音乐中有"休止之法"，诗文中有"无言之境"……"留白手法"的意义就在于能预留空白，给学生独立思考、自主发现的空间，让学生思维在"松"与"紧"的起伏中，激活思维，对作品进行二次创作，以达到课堂生成的目的。

"留白"之石可以激起学生思维的"千层浪"，蕴含着鲜活灵动的生命力。这样的生成，是需要师生共同完成的。在语文教学中留有思维的余地，讲到适可，点到即止，留几处空白，留一点时间，可以让学生化虚为实、联想思索，主动探知和动态生成。当然，教学中的留白应根据教学需要适当运用，不能为"留白"而留白。只有所留之"白"能引起学生的联想和想象，生出"实"来，才是能启发学生思维的教学留白艺术。

巧妙的课堂追问。所谓"追问"，就是在学生基本回答了教师提出的问题后，教师有针对性地"二度提问"，再次激活学生思维，促进深入探究。课堂追问，不是目的而是手段，意在培养学生思维的深度与广度，追求质疑的精神和探索的品质。教师适时、有效地追问可以使课堂锦上添花，化平淡为神奇，更好地促进课堂的生成。

顺学而导，捕捉"亮点"，适时追问，激活思维，是生成性教学不可缺少的有效策略，也是发展学生思维，提高教学质量的有效途径。课堂追问，还须紧扣教学目标，不可随心所欲；亦要面向全体学生，不可单一封闭。追问唯有直击文本，方能深入沉潜；唯其细腻巧妙，方显教学艺术。教学中，可在粗浅处、矛盾处、意外处和错误处追问，以培养学生思维的深度、广度与敏锐度。

精到的课堂点评。课堂评价主要涉及两个方面：一是搜集信息而"评"；二是基于信息判断其"价"，从而点拨、引领、提升。基于此，评价不是目的，其本质是促进学生潜能、个性和创造性的发挥与生成，它具有激励、诊断和发展的功效。教师课堂点评需要做到两点：点评及时有效，点评精炼到位。拒绝重复，拒绝模糊，拒绝单一，力求纲举目张、一针见血、举一反三，以发挥教师课堂话语的最大效益[①]。

教育学家布莱克·威廉提出，有益的教师反馈应该是具体的、描述性的和及时的。好的课堂评价，既彰显了教师的课堂智慧，又能促进课堂动态生成。它可以让教室成为学生成长的独特空间：知识的客厅、智慧的阳台、心灵的卧室。

教师在课堂上应关注每一位学生的发展态势，用艺术的留白激发学生的创作热情，用巧妙的追问促进课堂的动态生成，用智慧的点评唤醒学生沉睡的潜力。否则，生成性教学就会陷入混乱、无序、失真的状态，所谓的"课堂生成"就会虚假、随意、僵化。

可以说，生成性教学不仅是一种教学形态，更是一种价值追求。生成性教学不仅源于充分的预设，更源于课堂理性的追求、诗意的处理和"立人"的境界。

二、以建构为标志[②]

阅读的本质，就是一种"意义建构活动"。基于意义建构的阅读，应着眼于促进学生的"学"来设计教师的"教"，即让学

---

① 刘勇. 追求"四有"，让课堂点评更精到 [J]. 语文教学通讯，2013 (10B)：35.

② 本节大部分内容以《基于意义建构的群文阅读》为题发表于《教育科学论坛》2018 年第 11 期。

生在阅读中学会阅读。

（一）创境诱思，是阅读教学的前提。

如议题为"一波三折写故事"的阅读中，可以结构化的文本就有《三顾茅庐》《三打白骨精》《三调芭蕉扇》《三打祝家庄》《刘姥姥三进贾荣两府》等分别来自四大名著的经典文本。君请看，刘备三请诸葛亮，一次未见，二次未见，第三次才终于见到，诸葛亮被其诚心所动，于是出谋划策、出山相助。白骨精想吃唐僧肉，先后变成村姑、老婆婆和老公公，却被孙悟空一一打死，唐僧怒不可遏，愤愤中大念紧箍咒，并将孙悟空逐出师门。孙悟空向铁扇公主借扇，困难重重—— 一借，二逼，三骗，情节层出不穷，智慧亦层出不穷。这些文本充满可读性、趣味性与丰富性，成为阅读的最佳情境，能让学生沉浸其中，欲罢不能。当然，如果文章选择以异质化为主，即以不同时代、不同文体、不同风格、不同国别的文本，更容易架构起单篇文章给予不了的平台和思维。

创建阅读情境，是为了诱发学生的思考，从而进行意义建构。这个情境，是为了促进学生进行真实的阅读、自主的学习，是为了避免课堂上"虚假繁荣"的病态和"枯燥学习"的苦态。知识，如果脱离了真实的情境就只是符号；建构，如果缺少了思维的参与就毫无意义。正如李吉林所言：在境中学、做、思、冶，突出儿童学习的主体性，获得全面发展[①]。开放性、创生性的情境可以刺激大脑，是保证学生思考强有力的泉源，以生活视角重构课堂，可以再造学习的时间和空间，让学生在情境中学

---

① 李吉林. 构建情境教育儿童学习范式［N］. 中国教育报，2017－11－22 (9).

习，在体验中学习，在实践中学习①。

（二）协作会话，是阅读教学的关键。

学习有一个过程，而协作与会话，是学生形成能力的桥梁。按照建构主义的观点，协作过程也是会话过程，每个学习者的思维成果通过协作与会话为整个学习群体共享，以达成共识，建构意义。在什么时候协作与会话？按照意义建构的理论，情境、鸿沟和使用是意义建构的三要素。情境和使用之间存在着鸿沟，为了跨越鸿沟，需要一个中介，即桥梁，这个桥梁就是协作会话。怎样让合作学习更有效？可以把合作学习设在疑难之处，通过思考和实践，培养学生分析问题、解决问题的能力；可以把合作学习设在分歧之处，通过独立的自主学习和合作式的碰撞交流，让思考更深入，培养学生的思辨性；还可以把合作学习设在创新之处，通过拓展与迁移，培养学生的实践能力和创新精神②。

（三）意义建构，是阅读教学的目标

促进学生作为学习主体进行有意义的建构，是课堂教学追求的终极目标，也是阅读的核心追求。学生进行意义建构一般有两种路径，一是"同化"，二是"顺应"。以意义建构为中心，通过"话题"的确立、情境的创设、文本的阅读、多元的对话，实现学生对知识的主动探索、主动发现和对所学知识意义的主动建构，情境、协作与对话形成了以"建构为标志"的课堂样态。

学习是"具有适应能力个体的自适应学习"，其要点有三：一是学习的主体不是笼统的学习者群体，而是作为个体的学习

---

① 刘勇. 促进学生"自主学习"的课堂教学策略［J］. 基础教育参考，2018（9）：40—42.

② 刘勇. 重建"自主学习课堂"的有效路径［J］. 未来教育家，2018（7）：31—33.

者；二是学习能力的核心是自身适应能力；三是提升学生学习能力，要关注学生自身的学习特点，引导学生发现并适应自身的学习方式①。钟启泉认为，所谓学习，不是被动地记忆知识，而是通过能动地参与，解释信息、建构知识的过程。他还指出，在种种条件制约之下的学校教育现场，应当考虑如下三个视点：自主学习、对话学习和深度学习②。

让语文教学回归本真，就是要让学生在"语言"和"心意"方面、在"共性"和"个性"方面、在"品质"和"能力"方面都得到长足发展。

---

① 时龙. 当代教育的主题和归宿：提升学生学习能力 [J]. 中国教育学刊，2016（10）：45—49.

② 钟启泉. 真实性：核心素养的精髓 [N]. 中国教育报，2019—06—20 (7).

第二章 本真阅读的 "五读" 策略[①]

　　语文的本真阅读，其"本真"是"道""术"合二为一。"道"是思想，即上章论述的"四个回归"；"术"是方法，即本章要论述的"五读共生"。

　　"五读共生"就是阅读教学回归本真之"术"，亦即五种基本策略。"五读"指：读懂学生，顺天致性；读懂文本，提取"干货"；读懂课堂，"三法"推进；读懂表达，读写共生；读懂成长，建造"小屋"。当然，这"五读"并不是一个严密的逻辑划分，而是实现本真阅读的基本策略。由于"五读"不是截然分开的，而是相辅相成、共生共长、共融共通的，它们共同保障着阅读教学的有效性与品质感，故曰"五读共生"。

第一节　读懂学生，顺天致性

　　以生为本，是耳熟能详的教育"圣经"。要让学生真正"站立"在课堂，读懂学生是根本前提。然而，现实中往往是以大人的意愿来要求孩子，以教师的观点来强迫学生，以教师的理解来

---

　　① 本章内容发表于《中国教师报》《特级教师谈教学》系列专栏，有增改。

庖代学生的阅读。

学生，不是一群标签，更不是一个符号。怀特海说过：学生是有血有肉的人，教育的目的是为激发和引导他们的自我发展之路①。没有一个孩子不想成为好孩子，没有一个学生不想成为好学生。有时，恰恰是教育者没有读懂学生，从而让他们放弃了成长。

在课堂教学中，成长是一种参与性体验，成长更是一个"试错"的过程，教师应当从"教"的专家转变为促进学生"学"的专家。要实现这个转变，就要"读懂学生"。

荣获第 91 届奥斯卡最佳动画短片的《包宝宝》，告诉我们一个道理：懂孩子比爱孩子更重要！要真正读懂学生，就要尊重每一位学生，倾听他们内心的呼唤，读懂他们的所思、所想、所惑、所乐。对于教师而言，读懂学生，直面问题，是需要终身研究的课题，正如于漪老师所言：我一辈子教书，一辈子学教书。

一、尊重学生是读懂学生的前提

这是一堂在芬兰学习和考察时观摩的小学二年级的数学课。课堂上学生似乎有些调皮，上课好几分钟了，学生依然穿梭不停，叽叽喳喳，老师停下来注视，走过去抚摸，效果不佳。老师开始讲故事，过了 10 来分钟，学生才逐渐安静下来。

事后，我们询问教师如何看待学生的调皮与贪玩，如何处理课堂的有序与有效，任课教师的回答让我感动：课堂的确不能大喊大叫，应当学会安静，当看见学生这样调皮时，我也很生气；但我没有批评他们，因为上午连续上课比较辛苦，刚刚吃了午

---

① 怀特海. 教育的目的 [M]. 庄莲平，王立中，译. 上海：文汇出版社，2012.

餐——低年级学生在 11 点左右吃饭，然后接着上一节课；还有学生可能看见参观者很兴奋，所以我讲一个故事收收心；更关键的是，要相信学生，要让学生明白，是自己觉得应当安静，不是在老师的命令下被迫安静。

尊重学生，不能放在嘴上，应该是教师一生努力践行的基本准则。谁真正地尊重了学生，把学生作为课堂的主体，谁就获得了学生的尊重和教学的主动；反之则没有真正的"教"与"学"，极有可能是"假学习"和"伪学习"。

阅读是语文教学的命门。但现实情况不容乐观，学生被当作"学习机器"或"考试机器"，语文阅读被异化为应试教育，阅读量少质次、效益低下的情况普遍存在。在教学策略上，存在"四注重四忽视"：注重应试技巧，忽视阅读素养；注重阅读结果，忽视阅读过程；注重文本分析，忽视多元互动；注重知识传授，忽视个性思辨。在课堂表现上，呈现出"五多五少"：平铺直叙多，创设情境少；教师讲得多，学生活动少；预设问题多，激发思维少；低效互动多，当堂落实少；师生问答多，多重对话少。这些，都是不尊重学生的具体表现。

尊重学生，不仅要尊重学生的学习过程，更重要的是要捍卫学生的尊严，尊重学生的基本权利和责任，尊重学生在自己发展中的主体地位……一句话，就是把学习的权利和责任还给学生本身，让他们成为真正的主体。案例中教师的教育艺术，就在于将学生发展的主体要求还给了他们自己。

心理学家杰姆斯曾说过：人性最深层的需要就是渴望别人的赞赏。尊重学生，是从"忽视"到"珍视"的心灵升华。曾几何时，我们都习惯并享受于学生对自己的尊敬，而当要求自己去尊重学生时，能真正做到的又有几人呢？

学生是学习的主体，这一点毋庸置疑。在课堂上，独立的、有思想的、能动的学生，才称得上"主体"。一个美食家吃饭和一个小孩被爸爸妈妈在屁股后面追着喂饭，两个吃是完全不一样的味道。只有当人真正地去操作对象的时候，才能成为主体。假如老师给出来的内容，学生根本就没操作，也没经历，上课时老师自顾自地讲，学生当然会神游物外。长期如此，学生不仅不会成为课堂的主体，还会对学习产生"抗体"，这样的课堂永远不能成为"学堂"，最终只能成为"讲堂"和"教堂"。

尊重学生，当从以下三方面着手：

一是尊重学生的天然禀性——"不要以为你教了，学生就会学"。学生坐在教室里，就一定在学吗？也许很多时候，教师在教，但学生并没有学。我们首先要明白学生想学什么、能够学什么，目标太难或太简单，过程太死板或太无趣，学生的情感就没有调动起来，思维也没有活动，就不可能有真正的学。此时，教师的作用就是"创设情境，让学生愿学"。这里的情境是学习的情境，它最大的价值就在于让学生愿意学习，能够有目标、有兴趣、有动力地学习。关注学生学习动机，提升学生的自我效能感，增强"教学事件"对学生能力的培养，是衡量课堂教学是否有效的基本原则。

二是尊重学生的已有经验——"不要以为学生学了，他就会懂"。对于学习而言，没有人可以"一学就会、一蹴而就"，教师要静下心来想一想：教学目标离学生的现有水平有多远？给时间让学生思考、分析了吗？练习、消化了吗？草要经过牛的反刍才能成为养分，书要经过人的建构才能形成智慧。"学习金字塔"告诉我们，"听讲"类的学习是低效的，而"小组讨论、实际演练、教授他人"才是有效的学习。后者正是因为延长了学习的过程、融入了学生的已有经验，才真正促进了学生的理解与消化。教学，需要慢下来，不要总喜欢将结论告诉学生，真正的获得是主动求知而非被动告知。教师的作用就是"搭建支架，让学生会学"。这里的支架就是学生学习的脚手架，就是学习的台阶。语文素养的提升，是一个"学—习—悟"的螺旋上升过程，融入已有经验的学习，是避免假学习的核心原则。

三是尊重学生的真实需求——"不要以为学生懂了，他就会用"。语文学习，理解是为了运用，运用又可以促进更深层次的理解。从理解到运用到底有多远？似懂非懂之时，不能运用；没有平台之际，无须运用；缺少方法之练，不会运用。教师的作用在于"聚焦需求，让学生能用"。以学生的需求为根本出发点，以发展语用能力为价值取向，设计大量的语言实践活动让学生亲历亲练，通过"言—意—言"的反复循环，达成语感、情感、美感三位一体，这种教学就是言意共生的阅读教学。真正的运用有三个衡量指标：深度思考、全局理解、灵活运用。可以说，"学以致用"是学生的需求，"言意共生"是课堂的境界。

未来课堂，要实现"主演"到"导演"的教师角色转变，完成"讲堂"到"学堂"的课堂本质回归，而这一切的前提就是"尊重学生"。

二、学会倾听是读懂学生的关键

校园里开出一朵很大的玫瑰花，全校学生都非常惊讶，每天都有许多学生来看。

一天早晨，苏霍姆林斯基在校园里散步，看到幼儿园一个 4 岁女孩在花园里摘下那朵玫瑰花，抓在手中，从容地往外走。苏霍姆林斯基很想知道这个小女孩为什么要摘花，便俯下身子，亲切地问："孩子，你摘这朵花送给谁呀？能告诉我吗？"小女孩害羞地说："我奶奶病得很重，我告诉她校园里有一朵大玫瑰花，奶奶有点儿不信。我现在摘下来送给她看，看过了我就把花送回来。"听了孩子天真的回答，苏霍姆林斯基的心颤动了。

他牵着小女孩，从花园里又摘下两朵大玫瑰花，对孩子说：

"这一朵是奖给你的，你是一个懂得爱的孩子；这一朵是送给奶奶的，感谢她养育了你这样好的孩子。"

乐于倾听，善于倾听，是读懂学生的关键。你看，苏霍姆林斯基的教育艺术：俯下身子，不是批评而是聆听；用心等待，不是失望而是惊喜。近来，我们越来越深刻地意识到：教育，需要用心倾听。伏尔泰说过"耳朵是通向心灵的道路"，真正的教育必然从倾听开始。

提高教育质量，不应当是冷冰冰的分，而应当是活生生的人。尊重生命，呵护生命，培育生命，这才是教育的真谛。理想的课堂应当是培养一个完整的人、一个全面发展的人、一个积极向上的人。而这一切，都应以倾听作为起点。可以说，有了聆听，才会有真正的爱心；有了聆听，才会是真正的教育。当学生回答问题时，是想着教案，还是真诚互动？当学生提出建议时，是保持权威，还是民主吸纳？当学生犯错时，是严厉训斥，还是倾听原因？教师，要有"和而不同"的胸襟，要有"静待花开"的耐力，要有"产婆助产"的技艺。

在城市和公路边，只要你留心就会发现，长得很快的行道树往往会把树桩周围的路面拱起来。也许你会认为罪魁祸首是树根，是它破坏了路面。其实我们转换一个角度，你就会发现是路面束缚了树的生长。在人们看来，植物的生长力有时会表现为破坏力。儿童也是如此，有时看似破坏的行为可能正说明他在用他的方式成长，关键是你用心"倾听"了吗？

有时，在课堂上，倾听远比发言重要。只有当倾听的能力真正培养起来以后，课堂的言语表现才会变得丰富而真实起来。没有良好倾听氛围的课堂，看似活跃，实则杂乱；表面热闹，本质浅薄。

古希腊先哲苏格拉底说过：上天赐人以两耳两目，但只有一口，欲使其多闻多见而少言。寥寥数语，形象而深刻地说明了

"听"的天然性。老师要学会聆听：听清学生的言语，听明学生的思想，听懂每一个学生不同的内心。学生也要学会倾听：听见大自然花开的声音，飞鸟翅膀划过云层的声音，海浪拍打礁石的声音；听出文本中作者语言的声音，课堂里同学对话的声音，学习中老师引导的声音；听明陌生人相见的微笑，社会中无字的智慧。

三、顺天致性是读懂学生的结果

柳宗元的《种树郭橐驼传》告诉我们无论种树或治民，都要"顺天致性"，而不应当"好烦其令，若甚怜焉，而卒以祸"。教育教学亦是如此，有的老师喜欢发号施令，更有甚者"朝令夕改"，让学生不堪其烦。学生读书时，喋喋不休；学生出错时，暴跳如雷；学生考试时，心急如焚。这些都是教师的"多为"，更是教师不懂学生的表征。

你真正地读懂学生了吗？你说了不算，要看你的课堂。

课堂教学，应当"在'儿童立场'中研究儿童"，树立以学习者为中心的理念，唤醒学生的主体意识。学生是课堂教学的起点，也是课堂教学的终点。当教师知道学生在"哪里"，课程才有温度；当教学让学生到达了"那里"，课堂才有效度。

对学生学情的预估、分析和运用，是促进学生自主学习的关键。叶澜教授认为：教师不仅要把学生看成"对象""主体"，还要看作教学资源的重要生成者，教师在教学过程中不仅仅是知识的"呈现者"，更重要的是成为教学过程中呈现信息的"重组者"。基于对学情的预估，可以提前收集学生的问题，在课堂教学中进行整合；基于对学生作品的判断，分析学生完成的作业、片段、感想及思维导图等，可以把握学生"最近发展区"；基于对教学内容的重组与确立，对个体学生进行对话与访谈，可以对教学内容进行二次开发和建设。

　　教师要为学生终生发展服务，培养其一生成长的必备品格和关键能力。王木春在回顾中国近现代教育史时，总结王培孙、张伯苓、沈同一等著名校长办学的经验，发现其核心在于"让教育离'人'更近些"，并总结出三点：一是把注意力放在"人"的成长上，二是把学生当成"活生生的人"，三是对学生给予尊重、体谅与呵护[①]。

　　综上所述，"教"就是为了"学"，读懂学生就是读懂了课堂的密码，就牵着了教学的"牛鼻子"。让学生愿意学习、学会学习、学以致用，让学习真实发生，才能培养学生终身学习的必备品格和关键能力。

第二节　读懂文本，提取"干货"

　　北京大学教授葛晓音曾说：读懂文本，为一切学问的关键。

　　文本就是一个"城堡"，这是一个非常有意思的比喻，这个比喻来自李欧梵的《世纪末的反思》：

　　话说后现代某地有一城堡，无以为名，世称"文本"，数年来各路英雄好汉闻风而来，欲将此城堡据为己有，遂调兵遣将把此城堡团团围住，但屡攻不下。

　　从城墙开眼看去，但见各派人马旗帜鲜明，符旨符征样样具备，各自列出阵来，计有武当结构派、少林解构派、黄山现象派、渤海读者反应派，把持四方，更有"新马"师门四宗、拉康弟子八人、新批评六将及其接班人耶鲁四人帮等，真可谓洋洋大观。

---

　　① 王木春. 让教育离"人"更近些［N］. 中国教师报，2019－01－16（12）.

文本形势险恶，关节重重……

各路人马早已在城堡前混战起来，各露其招，互相残杀，人仰马翻，如此三天三夜而后止，待尘埃落定后，众英雄（雌）不禁大惊，文本城堡竟然屹立无恙，理论破而城堡在，谢天谢地[①]。

这个比喻生动形象地诠释了文本解读看似"理论众多"实则"一无用处"，读罢令人莞尔，但讽刺之意却令人如坐针毡。解读文本，不要用炫目的理论来进行包装，要切切实实地走进文本，在字里行间沉潜玩味、反复涵泳。

语文教师，要将自己修炼成为阅读文本的智者。这其中的智慧就是读懂文本，而"懂"的关键在于"合理"二字，"合"要合于文本、合于学生，"理"要理出要点、理清头绪。

一、读懂单篇文本的"个性"

我们必须殚精竭虑地寻找每一行文字、每一个单词的意义，运用我们拥有的智慧、勇气与慷慨，超越文字通常具有的意义的限度，去揣测其更为深广的内涵。

——梭罗《瓦尔登湖》

读懂文本，决定着教学内容的取舍，更决定着课堂教学的品质。从某种程度上说，解读文本就是语文教师的第一基本功。

首先，要读懂文本的"个性"，由此而晓"这一篇"。作品是作家的孩子，不可复制，无法粘贴。在作品中，每一个字都有温度，每一句话都有灵魂，每一种结构都有思想。

贾平凹《一棵小桃树》的魅力在于特殊的选材立意和独特的言语形式，即使是小小的叠词也功不可没。在文本细读中，基于

---

① 李欧梵. 世纪末的反思［M］. 杭州：浙江人民出版社，2002：274－275.

全文的“信息网络”，推敲叠词的“文字密码”。逐段清点，惊喜地发现全文使用了 40 余处叠词，读起来朗朗上口，听起来声声悦耳，悟起来词词达意。你看，“纤纤”言极其细小而柔弱，“孤孤”言极其孤单和无奈，“苍白白”言极其病弱和苍白……反复吟咏，我们还会发现：朗读叠词时的反反复复、起起落落、跌跌撞撞、低低高高，恰恰是作者在苦难命运琴键上弹奏的人生最强音。所以，本文是一篇极富个人色彩、深深打上“我”之风格烙印的散文。

《就英法联军远征中国致巴特勒上尉的一封信》一文汪洋恣肆、情感强烈，可视为散文；观点鲜明、论证有力，亦可视为议论文。“想象之花”和“反语之剑”可谓其两大基本特征，感性与理性的融合又使其具备强烈的思辨色彩。文章不只有观点，更用铺陈、想象、描写、反语、对比等文学的方式，表达作者强烈的爱憎，体现了世界大文豪的浪漫气质和人文情怀。文本中丰富多样的材料，也不单单是“论据”，还承载着作者的情感、态度和价值观。所以，本文是一篇非典型性议论文。

认真梳理，本文最大的“个性”就在于感性与理性的不断碰撞与调和。圆明园被掠夺焚毁之际，却是巴特勒上尉索要赞歌之时。一个诗人、作家和民主战士，他该如何面对？这种场合，不敢乱说，也不愿多说，更无法巧说。梳理思路，研究语言，我们发现，作者有三次“冒险”：一是没有正面回复巴特勒上尉，二是通过想象来描绘圆明园，三是用反语来表明自己的态度。正是这些“冒险”，让情感跌宕起伏，让文章一波三折，让观点摇曳有致。我们发现：全文是感性与理性的不断碰撞与调和的典范。情感和理性是对立的，有不同的规律。抒情可以片面、绝对化，理性却要全面，防止片面①。圆明园被毁后的痛心，让作者失去理性，不得不用抒情浪漫笔法；面对政府官员的威逼却又不得不减少感性，回归理性。因此，感性与理性的调和成了文章独具的个性特色。假如不通过想象来描写圆明园的美，后面的谴责就没有依凭。文章缺少了张弛，反语会有些生硬，批判就没有了力量。假如只有浪漫的想象，即便将圆明园描述成何等的魅力，也无法达到文本现有的讽刺力度。

二、读懂这一类文本的"共性"

教，是为了不教。

——叶圣陶

文本有个性，也会有共性；要尊重共性，更要挖掘个性。共性是基础，是实现"举一反三"的条件；个性是特色，是教学"这一篇"的独特路径。

从课堂教学来看，教是为了不教，要"不教"就要让学生学会举一反三，而培养举一反三能力的路径就是要引导学生"知类"：知这一类文本的特征，知这一类文本的读法。温儒敏先生在《关于语文教学的 23 条建议》中强调：有的上诗词课，也要分析主题意义；上童话课，就和小说差不多，还是人物性格、艺术手法等。不同的文体课型应当有变化。何况课型不变化，没有节奏，老是那一套，学生能不腻味？

在诗歌阅读中，如何进入意境？通常的做法便是读、想、悟。当一首诗摆在面前时，我们最先看到的其实是它的模样与别的文章的不同。如果追问一句：诗的语言为什么要这样排列？我

---

① 莫霓虹. 高中议论文写作说理教学"三步曲"[J]. 语文教学与研究，2018 (10)：41.

们便不能对诗歌形式上的特点视而不见。再追问一句：这种形式与意境之间有什么关联？我们便更要将诗歌形式纳入读诗的视野。

我们要以诗歌的方式来教学诗歌。诗歌最大的特点是什么呢？就是"形象大于思维"。因此，在教学时应以想象和朗读为重点，以感悟诗歌意境为核心，营造一个充满诗意的语文课堂。反复诵读、紧扣意象、体悟情感、联想想象、玩味意境，方能以"诗心"会诗作，以"诗意"会诗人。在课堂上，诗意地导入激发，诗意地朗读吟诵，诗意地体验感悟，诗意地联想创造，诗意地心灵对话，诗意地即兴创作……让孩子们的青春诗意在课堂上绽放。

三、读懂教材文本的"教学性"

与新目标相匹配的，质地和呈现方式能有效达成新目标的语文知识，几乎还是一个待开发的荒野。

——王荣生

要读懂文本的"教学性"，由此而定"这一课"。语文教学的独特性在于没有现成的教学内容，如何将教材中"文选"转化为有价值的教学内容，考验着每一位语文教师。

"这一篇"文本，其文字是固定的，其解读是多元的，但多元的解读中，最需要明晰的是"教学性解读"。所谓"教学性解读"，就是要基于课标的要求，符合学生的学情，挖掘文本的特质，还要防止逐字逐句的过深分析和远离文本的过度发挥。过深或过浅，一味求新或贴标签的解读，都不是教学性解读。有的老师将《致橡树》设计成爱情课，一堂课沸沸扬扬，这就是缺少"教学性"而多了"散打性"，缺乏"语文味"而多了"娱乐味"。

教学性解读是一种专业解读，解读的准确性决定教学的有效性，解读的深度决定课堂的厚度，解读的精彩成就课堂的出彩。王荣生指出，教学性解读既包括对现在教学内容的沿用，也包括教师对教材内容的"重构"——处理、加工、改编乃至增删、更换；既包括对课程内容的执行，也包括在课程实施中教师对课程内容的创生①。

小说这类与生活紧密结合的文学形式，如果千篇一律地按照小说"三要素"进行教学，会贻害无穷。如何引导学生阅读小说呢？毕飞宇认为，我们要解决两个问题，一个是关于"大"的问题，一个是关于"小"的问题，也就是我们如何能看到小说内部的大，同时能读到小说内部的小②。所以，教小说，特别是短篇小说，不仅要从"小"处读起，找到"小"且"巧"的突破口，使小说阅读鲜活生动起来，又要观照小说的格局和功能，从而小中见大，小处见妙。如《我的叔叔于勒》中源于生活的小物件：一是书信，二是牡蛎。对书信的解读多矣，兹不赘述。读读小说中的另一个小物件：牡蛎。"父亲忽然看见两位先生在请两位打扮得漂亮的太太吃牡蛎。一个衣服褴褛的年老水手拿小刀一下撬开牡蛎，递给两位先生，再由他们递给两位太太。她们的吃法很文雅，用一方小巧的手帕托着牡蛎，头稍向前伸，免得弄脏长袍；然后嘴很快地微微一动，就把汁水吸进去，牡蛎壳扔到海里。"

牡蛎，是欧洲有钱人的平常生活之物，代表着充满诱惑的上流社会。菲利普夫妇虽生活酸楚，却极力掩饰家境贫寒，想要在女婿面前扮演一回"文雅"和"高级趣味"的人。文章借助牡蛎，推动了故事情节的发展，也解开了覆盖在人们心灵表层的东

---

① 王荣生. 语文科课程论基础［M］. 上海：上海教育出版社，2003：300－301.

② 毕飞宇. 小说课［M］. 北京：人民文学出版社，2017：11.

西，让我们看到了物质和金钱对菲利普夫妇心灵的引诱和腐蚀，也让读者对菲利普夫妇在这样经济处境下所形成的思维习惯、生活习俗报以同情与理解，小人物悲苦无奈的形象也就呼之欲出。所以，扎根于生活的小物件适于着墨、宜于生发，它能较细腻地展现人物形象，表现人物性格，呈现丰厚的生活意蕴，让我们在虚构的情节中触摸、感受、体会人物。概言之，"小物件"一头连着生活，一头连着理想；一头连着现实，一头连着艺术。

当然，一节课的最终呈现，是以上三者的融会贯通。要真正读懂文本，教师要成为一位主动的阅读者，成为一位思考的阅读者。解读中，不能"读而不懂，读而不明"，要能够用"比较法""还原法"等对文本进行解读，要能够用"检视阅读、分析阅读、主题阅读"等对教学价值点进行提炼，还需要教师回归文本、直面语言，在语言的丛林里沉潜、涵泳、玩味，不断地链接自己的人生经验，形成自己的阅读"地图"，培养专业阅读的功底。我们应当以一个教者的眼光阅读和思考，然后站在学生的角度对话和设计，并以教师的个性风格与教学智慧加以筛选、加工和整合。

读懂文本的意义和价值，在于提取合宜的教学内容，形成合理的教学设计，从而建构课堂学习的"干货"。

第三节　读懂课堂，"三法"推进

我始终固执地认为，最美好的课堂，就是一个热爱阅读的教师带领一群热爱阅读的学生在阅读：在阅读中陶醉，在阅读中收获，在阅读中成长……

阅读，是师生的一种生活方式。

统编教材建构了"三位一体"的阅读教学体系，教读、自读和课外阅读，在阅读中有各自的坐标及其作用。其阅读教学的核心理念概括为三点：一是阅读是语文教学的核心，二是要想办法将课内阅读与课外阅读联系起来，三是注重阅读方法和策略的引导[①]。

对于课堂教学而言，应当着力于教读课和自读课的研究，并大力推进课外阅读，真正实现"得法于课内，得益于课外"。从当下学生学习的现状来看，过分依赖是阅读的最大天敌，而过度包办则是阅读的最大悲哀。阅读教学，应当转变教学的方式，变"师教"为"生读"，变教师"控制"为学生"自主"。

从阅读动力学理论看，学生的阅读动力主要来自两个方面：一是做阅读的知情者和选择者，参与阅读的全程，即尽量参与到阅读的目标、时间、内容、方法、路径、方式、工具等制定与选择上；二是做阅读的释放者和展示者，提供更多的展示形式、展示时空、展示工具，让学生在阅读中展示，在展示中学习。成功的阅读教学，应该让每一个学生在阅读理解和展示中发生微妙的"化学反应"。

在课堂中，教师要尽可能多地让学生参与到学习的主体群中，感受学习的酸甜苦辣，要尽可能多地让每个学生都能成为阅读的"主角"甚至阅读的"明星"。

让学生"学法、习法和用法"，是贯穿阅读课的主线。

一、"教"读，学生"学"阅读之法

教学当然需要教，问题是需要"久旱逢甘雨"式的教，需要使自己"蓬蓬勃勃地滋长"的教。

——叶圣陶

---

① 朱于国. 统编初中语文教材"三位一体"阅读体系的构建 [J]. 语文学习，2017（11）：5.

为何教？

叶圣陶认为学习要以学生为主，但不能排斥，更不能否定"教"的作用。他非常明确地指出不是不需要教，而是怎样生动艺术地教。叶圣陶认为给指点，却随时准备少指点……最后做到不指点。这好比牵着孩子的手教他走路，却随时准备放手。当学生想不通了，说不清楚了，这就是碰了壁了……即在学生最需要的时候，教师适时地教，伸出援助之手，助一臂之力。这就是不愤不启吧①。愤悱之时，需要教师援手；以利学生阅读"习得"需要先"学得"，学生"学得"需要教师"教得"。

教什么？

"教读课"，即教师"教"学生阅读，教学目标是"教会学生阅读"；在课堂教学中，学生"学"阅读之法，目标是"学会如何阅读"。通俗地说，在教读课中，教师要教学生视而不见、思而不得或启而不发、困而不解之处。

如何教？

教读课，在教学的起点（学情）和教学的终点（目标）之间，需要教师根据阅读目标设定合宜的阅读任务，并提供恰当的阅读方法和阅读策略，学生则在教师的带领下学习阅读方法，达成阅读目标，也就是说，教读课的关键是化"教"为"读"，将教师"教"的主导性转化为"学"的主体性②。

要在学生"阅读起点"上教，以达到课堂教学的"目标水平"。换句话说，就是在学生已知、已会、已能的基础上，根据教学目标教学生未知、不会、困惑和难懂的地方，通过教师的相机引导、点拨、指导和示范，从而"教懂、教会、教深刻"。概

---

① 成尚荣. 不教之教：核心素养的教学实现方式［N］. 中国教师报，2017－05－10（9）.

② 傅登顺. 部编教材"教读"课型的定位与教学策略［J］. 教学与管理，2017（3）：32.

言之，通过教学目标选择和组织教学内容、教学策略，从而确定"教学点"，可以教阅读知识、阅读策略、阅读方法等，从而积累阅读经验，培养阅读习惯，以达成举一反三和自主阅读的目的。关键是要落实"教学事件"，即根据教学目标而确定的教学任务和教学活动。一般情况下，教学目标通过教学任务（教学落点）得以驱动，教学任务通过教学活动（以"学"为核心）得以完成，即用一个个教学"活动"来推动并达成教学"落点"。

《叶圣陶先生二三事》是部编本七年级下册第四单元的教读课文。这是一篇回忆性的散文，如何教"这一篇"文章？启功先生曾赞张中行"写人有勾魂摄魄之力"。这一类文章的最大特点是具有高度个性化的言说对象和言说方式。散文就是"这一位"作家所写的"这一篇"。散文教学务必有"我"：我之情感体验，我之言说对象，我之言语表达。所以，本文的教学重点为：梳理本文选材立意的特点和体味本文言语表达的魅力。

教学价值点确定了，如何设计学生的"学"的"落点"作为支架完成教学呢？

一是抓评论句。如"叶老既是躬行君子，又能学而不厌，诲人不倦，所以确是为人师表"，谈谈作者"我"之独特情感体验。

二是抓过渡句。如第三段"凡是同叶圣陶先生有些交往的，无不为他的待人深厚而感动"，第六段"以上说待人厚，是叶圣陶先生为人的宽的一面，他还有严的一面，是律己"，可以清晰梳理出叶老的两大特点："待人厚""律己严"。再抓住第一大特点中的过渡句即第四段"文字之外，日常交往，他同样是一以贯之，宽厚待人"，由此可见标题中"二三事"的选材特点。经过梳理，我们发现本文叙述了叶老两大方面，而每个方面是二三件事。这样学生就清晰了在文章叙事中彰显言说对象上的特点，如下图所示。

```
                                        文字    ·看文稿描标点
                                        方面    ·修润课本文字
                              待人厚
                                        日常    ·礼貌送别友人
                                        交往    ·回信"关心"我
            叶圣陶先
            生二三事
                                        ·写文章要像"话"
                              律己严     ·文风应当"简洁"
                                        ·用语力求"完美"
```

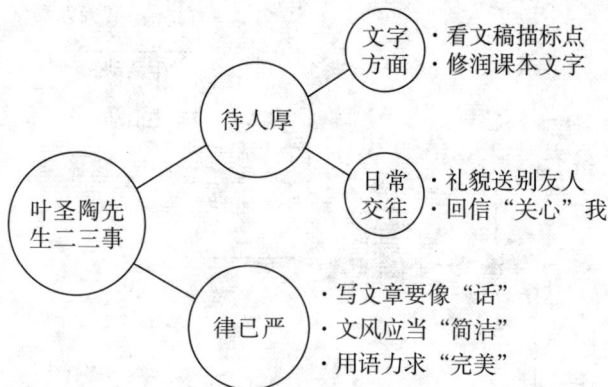

　　三是抓标点符号。最末一段"叶圣陶先生，人，往矣，我常常想到他的业绩"为何如此停顿？如果用对比法来研究，换成"叶圣陶先生逝世了，我常常想到他的业绩"又有何区别？这其中的停顿与压抑、悲哀与痛苦……需要仔细涵泳。文中第六段"叶圣陶先生就是这样严格要求自己的，所以所作都是自己的写话风格，平易自然，鲜明简洁，细致恳切，念，顺口，听，悦耳，说像话还不够，就是话"，这里又为何如此停顿？这些都是作者在言语表达方式上的特点体现出其雅致而晓畅的文风。

　　当然，每一个教学落点可由几个"学"的活动组成。如第二板块的学习，首先是学生略读，这也是单元教学重点；其次是勾画关键词，进行批注；再次是画思维导图，梳理文章结构；再其次是说的活动，说说为何是"二三事"……这些学习活动，支撑起了第二个教学落点的实施。而在这个过程中，教师应当相机诱导，适时、精要、巧妙地"教"，以促进教学"落点"的完成。教师要梳理从当前学情水平到达目标水平的教学路径，如下图所示。

目标：最近发展区

教学落点…… 学生活动一
学生活动二
学生活动……

教学落点二 学生活动一
学生活动二
学生活动……

教学落点一 学生活动一
学生活动二
学生活动……

基础：当前学情

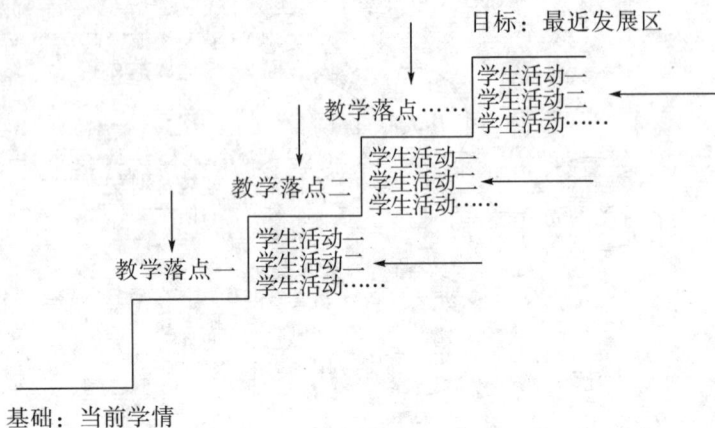

  还可以设计一个非常有意义和价值的问题：你觉得叶圣陶先生离我们很远还是很近？这个问题既拉动了对叶圣陶先生人物形象的理解，又对其今天的现实意义有了深刻的提示。离我们很近：因为本文记叙的都是叶圣陶先生生活中的小事，生活中的叶圣陶既是一位长者，又是一位儒者，还是一位师者……这些细节栩栩如生地刻画并还原了一个生活中的平凡的叶圣陶。离我们很远：因为他的"待人厚""律己严"，在今天的社会，"像叶圣陶先生这样的人竟越来越少了"。这也正是作者张中行的"双层的悲哀"的内涵，再来理解"叶圣陶先生，人，往矣"这样的停顿，学生便更能得其精髓。

二、"扶"读，学生"习"阅读之法

  "讲"都是为了达到用不着"讲"，换个说法，"教"都是为了达到用不着"教"。怎么叫用不着"讲"用不着"教"？学生入了门，上了路了，他们能在繁复的事物之间自己探索，独立实践，解决问题了，岂不是就用不着给"讲"给"教"了？这是多么好的境界啊！

——叶圣陶

"自读课"，即教师"扶"学生阅读，目标是让学生能够"自主"地进行阅读；在课堂上，学生能"习"阅读之法，目标是能够"通过练习提高自主阅读的方法和能力"。当然，适当地"教"与"扶"，在教读和自读课中应当均有体现。在这个阶段，课堂以培养学生"自能读书"的关键能力和必备素养为核心。

当然，"自读课"教学不是放羊式教学，需要教师由扶到放地引领学生。像开车一样，你教给他方法后，他就能单独开车吗？显然不能。还需要教练在一旁指导，但不是教练开车，教练指导的目的是让学员能开车、会开车。所以，自读课也可以适当教读，也可以适当精读，具体视学生运用阅读方法时的状况而定。这个阶段的精要是教师要"扶"得恰当精要，学生要"读"得从容深入，在自读中不断地"习得"阅读方法，提高阅读的技能。

《再塑生命的人》是七年级上册第三单元的自读课文。教学目标主要有两点：一是抓住关键词"生命""再塑"，进入文本，沉潜文字，梳理文脉，理解情感；二是创设情境，反复阅读，理解"再塑生命的人"及其转变历程。在教学流程中，可以紧扣"一""二""三"来构思教学：一是紧扣一个标题。二是分析两个人物。三是抓住三个标点，即尝试用三个标点符号来结构全课："？"，如何理解"再塑生命的人"？牵标题而动文本。"！"，细读《再塑生命的人》，感动于师德、师能，也感动于海伦战胜病残、自强不息的生命力量。"……"，再读海伦·凯勒，一个病弱生命顽强成长的足迹，留给我们深沉的思考和启迪。由此，我设定的教学目标为：以标题"再塑生命的人"为抓手，指导学生捕捉文章的主要信息；通过朗读，品味本文细腻优美的语言，理解立体生动的人物形象。当然，此种构思在实际操作中应不着痕迹，注重生成。如此设计，力求思路明晰，化繁为简，简中求丰；这样的课堂，力求螺旋推进而又紧扣文本。

　　自读课是少不了训练的。什么叫训练呢？就是要使学生学的东西变成他们自己的东西[1]。适当的训练，可以将学习的知识点建构入学生自己的知识网。在自读课中，我们不要担心训练，好像一提到训练（包括检测）就是在搞应试。课堂练习一方面能使学生将刚刚理解的知识加以应用，在应用中加深对新知识的理解；另一方面能及时暴露学生对新知识理解应用的不足[2]。要将教师理解的课程转化为"学生理解的知识"，并在一定情境下让学生能够表达、运用和创新，合理而有效的训练是必须的。这种学习活动既可保证学生的行为参与，又可促进学生的思维参与，还可以让学生进行"体悟式"参与，正如夏静所言：体悟式参与可以通过"在共鸣中悟情"和"在发现中悟理"来促进学生"深层内化豁然的学习"[3]。

三、"放"读，学生"用"阅读之法

　　教育如扶孩子走路，虽小心扶持，而时时不忘放手也。

——叶圣陶

　　这里的"课外阅读"不纯粹是课外的阅读，主要是指纳入课程的课外阅读。从阅读能力训练的全程来看，将课外阅读纳入语文课程有其独特的价值与作用。在课外阅读中，教师要"放"学生阅读，课堂只是阅读的起点；学生能够"用"阅读之法，养成自主阅读的习惯和自能读书的关键品质和核心能力。

　　在课外阅读教学中，教师的全部智慧集中在"有所不为而后

① 刘勇. 教师要学会"有所不为"[J]. 教育科学论坛，2017（3）：61—63.
② 余文森. 课堂是教师指导与学生自主的统一［N］. 中国教师报，2012—12—13（2）.
③ 夏静. 深度参与性学习的三个基本样态［J］. 人民教育，2017（24）：53—55.

可以有为"。"有所不为"是一种哲学，也是一种智慧。首先，教师有所为，学生才能知道"何为"；其次，教师不妄为，学生才能"有所为"；最后，教师不多为，学生才能真正"有大为"[①]。在课外阅读教学中，教师不拔苗助长，要学会放养；教师不越俎代庖，要学会等待。

教师如何少为或者不为？答曰：一是设疑，二是留白。在设疑后给学生思考的空间，在留白后给学生想象的空间，它可以避免"假阅读"，促进学生达成自主阅读和深度阅读。

在课堂教学中要巧设悬念、设置疑问，更要重视过程、强调体验。设疑，需要关注学情和围绕学科素养，提纲挈领地教学问题，能统帅全局，也能举一反三，引发学生思考。当学生迷惑不解时，教师应适时启发、点拨，使其开窍、顿悟，促其思索，帮其解惑。当学生经过独立思考，得以解惑时，教师应给予表扬和肯定，并帮助其梳理和归纳。

在课堂上留白，不是偷懒，不是不负责任。"留白手法"的意义就在于能预留空白，给学生独立思考、自主发现的空间，让学生在"松"与"紧"的结合中，激活思维，对作品进行二次创造，达到课堂生成的目的。给学生留下时间的空白，让他们可以去思考和体验；给学生留下内容的空白，让他们可以去想象与发现。留几处空白，留一点时间，让学生去化虚为实、联想思索，主动探知和动态生成。教学中的留白应根据教学的需要适当地运用，不能为留白而留白。如果教师留的"白"太多，或是一片毫无意义的空白，让学生无从捉摸，则不能取得启发学生思维的效果。只有所留之"白"能引起学生的联想和想象，生出"实"

---

① 刘勇. 教师要学会"有所不为"[J]. 教育科学论坛，2017 (3)：61-63.

来，才能成为教学留白艺术①。

当然，阅读还有丰富的形态。单篇教学、群文阅读、整本书阅读是阅读的三种样态。单篇阅读教学，要带领学生细嚼慢咽，培养学生一般阅读的能力，这是阅读教学的常态。群文阅读教学，即"1+X"，带领学生比较分析，可以培养学生思辨阅读的能力。整本书阅读教学，需要从课内"教"走向课外"放"，可以培养学生鸿篇巨制的阅读能力。从单一到群文，再到"大部头"，由少至多，由易而难，链接着丰富的天地，培养着丰厚的阅读能力。

在阅读体系中，"教读"是基石，"自读"是关键，"课外阅读"是目的。在教读课中，教师要明确文体，因"材"施教；在自读课中，教师要以生为"主"，教师为"辅"；在课外阅读课中，教师要以读书为"要"，以"放"为核，从课内到课外，从单篇到群文、整本书甚至到群书，让学生真正地读起来。从教学实际上看，"自读课"是阅读教学中的硬骨头，因为它是阅读方法转化为阅读能力的训练地，是学生从"他主阅读"走向"自主阅读"的实践场。

方法的基石是过程，方法的指向是应用，方法的价值在融通。阅读"三法"推进，就是为了让阅读在课堂上真实发生。该教时则教好，该少教时决不多教，不该教时一定忍住不教。教师的"教、扶、放"，是为了培养阅读能力和阅读习惯；学生的"学、习、用"，是为了保证阅读兴趣和阅读品质。

---

① 刘勇. 重建"自主学习课堂"的有效路径［J］. 未来教育家，2018（7）：36.

第四节 读懂表达，读写共生

　　字斟句酌、咬文嚼字，既是一种阅读又是一种表达。表达，是在理解基础上的运用，是以语言运用促进更深层次的理解。每一个人都有表达的欲望，但枯燥的应试写作、空洞的指标评价、敷衍的考场阅卷……让正常表达成为困难，让写作兴趣成为奢望。写作教学的根本目的就在于呵护学生的表达欲望，还原表达的生态环境，改善写作的表达策略，提高学生的表达能力。

　　写作表达，有三个关键词，一是任务驱动，二是支架创设，三是交流发表。任务驱动提供表达的"情境性"，有写作对象、写作目的、写作要求、读者群等；支架创设提供表达的"方法性"，有知识支架、程序支架和策略支架等；交流发表提供表达的"展示性"，可以小组发表、班级发表、全校发表，还可以向杂志、报纸等媒体投稿。它们形成的合力，提高了写作教学的针对性和有效性，保证了学生写作兴趣的持久和能力的培养。

一、阅读是表达的基石

　　读书，这个我们习以为常的平凡过程，实际是人的心灵和上下古今一切民族的伟大智慧相结合的过程。

——高尔基

　　阅读在左，写作在右。

　　毋庸置疑，读可以促写，写亦可以融读。叶圣陶先生认为阅读是写作的基础。例如，教学生把握中心思想，如果教好阅读课，引导学生逐课逐课地体会，作者怎样用心思，怎样有条有理地表达出中心思想，他们仿佛跟作者一块儿想过考虑过，到他们自己作文的时候，所谓熟门熟路，也就比较容易抓住中心思想了①。由此可见，阅读是表达的基石，可以在阅读教学中培养学生的写作能力。

这样的读写融合，在教学策略上，要处理好三个核心词：读、思、写。"读"是基础，重在理解作品的言语内容和言语形式；"思"是内化，重在理解作者运用语言的智慧和方法；"写"是运用，重在建构自己运用语言的方法和能力。从品读到深思再到表达，其实就是接受信息、处理信息、输出信息的过程。

如果把作文喻为饱满鲜艳的果实，阅读是枝繁叶茂的大树，生活无疑就是那盘曲有力的根茎！我们知道，写作需要积累。一是在阅读和写作中积累，这是在学校里学习的常态。一是在生活中积累，这是最丰富、最鲜活的路径。曾两度入围诺贝尔文学奖、创造了独特的"湘西"世界的沈从文说过：永远不灰心，永远充满热情去生活、读书、写作，三五年后一成习惯，你就会从这个习惯看出自己生命的力量。由此可见，最好的积累是综合的积累，并在这其中丰富自己的情感和思想。

二、体验是表达的源泉

如果我作为一个批评家，当然要尽量排除掉我个人的审美偏好，尽量客观地评价别人。但是我作为一个作家，我就可以非常个性化地选择我所喜欢的，不读我不喜欢的。

——莫言

叶圣陶认为要写出诚实的、自己的话，空口念着是没用的，应该去寻到它的源头，就是我们充实的生活。他强调生活充实，

---

① 叶圣陶. 叶圣陶语文教育论集［M］. 北京：教育科学出版社，2015：356.

都会表白出、发抒出真实的深厚的情思来①。

如何让生活充实？需要用心去体验，用眼去凝视。写作之道，是唤醒生命的自觉和完善生命的自省；写作之术，是遣词造句的水平和谋篇布局的章法。而真实的写作，就是将写作之道融入写作之术中，就是对生活的感悟与触发。

初三复习中，我指导学生完成一道有关姓名文化的"语言运用"题。讲完之后，我让学生小结。小结完毕，李晓宇望着我："老师，我发现您的网名叫'荷戟战士'，为什么取这个名字？"大家乐了，我也乐了。好小子，居然提这个问题。我一边回忆几年前取名时的状态，一边缓慢而郑重地说道："同学们，有一段时间，我一直在思考：什么是真教育？怎样做一位好老师？这些问题让我为之焦虑与忧愁，阵痛与彷徨。我想起了鲁迅《题〈彷徨〉》一诗'寂寞新文苑，平安旧战场。两间余一卒，荷戟独彷徨'。阵痛、彷徨，让人进步，让人成熟，让人专注。我就是鲁迅笔下的那个'荷戟独彷徨'的战士！愿与大家一起在广袤的语文天地里自由翱翔！"我刚一说完，全班便爆发出雷鸣般的掌声。

我顺势启发学生说说自己名字的由来，同学们写着关于自己"姓名"的故事，我看到了大体三类：一是美好的祝愿，二是有纪念意义，三是按"五行"学说命名……我看到了周婧的解说："婧"的字义是"女子有才干"的意思，父母希望我能成为一位才女，而拆开来看，父母希望我这个"女"能"青"出于蓝并胜于蓝。我还觉得"婧"字与我最有缘，因为我是十二月出生，你看"青"，从上到下，不正可以拆分为"十、二、月"吗？感谢父母！

我更看见了张彭毅颖的解说，一周后，她交来了文章《杂谈

---

① 叶圣陶，夏丏尊. 我怎样教语文 [M]. 武汉：长江文艺出版社，2017：132.

名字二三事》。

"你叫什么名字?""我叫张彭毅颖。""啥? 张彭啥?""张彭毅—颖—""啊? 张彭毅?""张彭毅颖—""哦! 张彭颖啊!""不是,是张—彭—毅—颖—""四个字? 那你是姓张还是姓张彭啊? 你是少数民族吗?""……"这是每每别人问我名字时的对话。

要说到我这名字,那真是"难"! 首先,就是难念。"zhāng péng yì yǐng",除了"毅"字,那可是后鼻音全上阵,再配上一二三四音全齐,保你读得磕磕绊绊,顿挫有致。于是,同学们自作主张地发明了"张盆""帐篷""盆子"之类的外号,还叫得好不顺溜!

难上加难,难写。四个字就不说了,问题是每个字还有那么多笔画! 还记得三岁时学写名字,老妈在一旁操着尺子,边打边教,我抓着笔,边哭边学,终于在一把鼻涕一把眼泪中练会了这名儿。于是每有同学问我的名字怎么写,我就会嘚瑟并戏谑一番:"我三岁就会写了,你都十五了还不会? 这就是智商差距! 当年我可是自学成才,才不是被打出来的呢!"

难上加难再加难,难打。就是不好输入,不好打印。在电脑上打我的名字,那可得一个字一个字慢慢找,靠耐心。若是再以为"彭"读"盆",那就真是打到天荒地老都打不出了。最尴尬的是每逢打名单时,若空格只能放下三个字,于是我就会变成"张彭毅","颖"就被大家忽略了。

这么有才的名字,自然只有我有才的爸妈才想得出。只不过到他们那里这四个字里就是满满的希望和美美的祝福了。"张"是爸爸的姓,"彭"是妈妈的姓。妈妈生于四川、长于四川,爸爸却是江南水乡的人,高考后来四川读大学,幸运地遇到了妈妈。于是,"毅"字取自四川的陈毅将军,"颖"字取自邓颖超、周恩来夫妇,你猜对了吗? 他们希望我坚毅聪颖,更希望我能像他们一样,将来为国效力。

哈，怎么样？但凡自我介绍时，我都会口若悬河滔滔不绝地讲一大段，是不是突然觉得我的名字一下子高端、大气、上档次了？况且一直以来，我见过"张鹏""张彭毅""张彭颖"，还就是没有叫"张彭毅颖"的！说不定真的找遍全世界都找不出重名的啦，这倒可以让我又扬眉吐气一番了。

唉，虽然我名字这个小冤家"难上加难再加难"，但看在老妈老爸这么认真的份上，我还是认真、郑重地接受了吧。以后的日子里，就是我和"小冤家"对决的长路了。

我在她的作文本上批注：烽烟遍种自由花，先生颖超人倍夸。坚毅从容我辈有，风雨吟啸浑不怕。她拿着作文本，兴致勃勃地来找我，一进门就说："老师，'烽烟遍种自由花'是什么意思？""猜猜看！"我戏谑地笑着。她摇摇头。我望着她澄澈的眼眸，郑重地说道："第一句暗写陈毅，第二句明扣邓颖超。怎么暗写呢？你看，陈毅将军有两句诗，其中一句是'南国烽烟正十年'，另一句是'人间遍种自由花'，我各取一词，意为艰苦奋斗，玉汝于成。""老师，谢谢您！"此时，我看见张彭毅颖的眸子中流动着最美的色彩。

后来，本文发表于《成都日报》，反响极好。从简单枯燥、司空见惯的姓名中回忆、想象、挖掘、思考，有了心灵的凝视和内在的体验，才能写出如此生动有趣的文章。以姓名为文，要注意两点：一是要收集姓名的来源与整理姓名的内涵，二是要回忆姓名的故事和完善写作的构思。这样的写作资源是独一无二的，这样的文章也是无可复制的。

三、"真我"是表达的追求

人为什么需要文学？需要它来扫除我们心灵中的垃圾，需要它给我们带来希望，带来勇气，带来力量。我为什么需要文学？

我想用它来改变我的生活，改变我的环境，改变我的精神世界。

——巴金

老师讲了许多技巧，学生仍然无动于衷，写作仍然生搬硬套。于学生而言，他们也想写出好文章，但怕说"真话"暴露了缺点，得不了高分。是的，作文的评价标准，教师的写作指导，范文的示范引领，这些所谓的"指导"犹如重重枷锁，包裹住学生的写作思想，消磨着学生的表达个性，遮蔽了学生的真实情感……关键是，你所谓的"生活"就是学生的"生活"吗？有时候，学生认为可以抒写的生活，在老师那里却不屑一顾；学生认为可以抒发的真情，在老师那里却幼稚可笑。

曹文轩在获国际安徒生奖时发表获奖感言《文学，另一种造屋》中说道：为自由而写作，而写作可以使你自由。因为屋子属于你，是你的空间。你可以在你构造的空间中让自己的心扉完全打开，让感情得以充分抒发，让你的创造力得以淋漓尽致的发挥。他还说：造屋，自然又是一次审美的历程。房子，是你美学的产物，又是你审美的对象。你面对着它——不仅是外部，还有内部，它的造型、它的结构、它的气韵、它与自然的完美合一，会使你自然而然地进入审美的状态。你在一次又一次的审美过程中又获得精神上的满足。

写作训练贵在"三有"：有活动，有过程，有真我。"真我"是表达的终极追求。

有活动，即有促进学生写作的外在活动，有语境、有情境，能展示、可发表。有过程，即关注学生写作的内在过程，如构思、选材、修改、发表、评价等，培养写作的习惯。有真我，即从写作的"无我"状态进入"有我"状态，以我之手写我之心，以我之口说我之思。

要进入真正的"有我"状态，不仅"我在"，还要"我思"。看，不能浮光掠影，要能看见；听，不能道听途说，要能听真。

看和听，需要的是眼睛与耳朵；看见和听见，还需要头脑和灵魂。写作，绝不是"复制、粘贴"，亦不是"敷衍、拼凑"。所以，写作的时候，"我思故我在"，一定要浸入自己的情感，沉入自己的思考：一是思考材料的剪裁和现象的意义，二是思考"真我"的表现和表达的技巧。只有如此，才能将人生的经历转化为经验，使之成为写作的宝贵财富，在写作中呈现"言意共生"的状态，即"我手写我心，我笔抒我情，我言达我意"。

写文章难吗？难矣！难在材料选择，难在主题立意，难在构思布局，难在遣词造句……作文之难，难在有生活无感悟，有经历无故事，有岁月无沉淀。当然，写作亦不难：选择自己最熟悉的材料，抒发自己最想表达的思想，按照自己的情感脉络布局。

写作，是现实与理想的桥梁，语言与情意的融通，写实与务虚的思考。电影《死亡诗社》的男主角说过一句令我特别欣赏的话：没错，医学、法律、商业、工程，这些都是崇高的追求，足以支撑人的一生。但诗歌、美丽、浪漫、爱情，这些才是我们活着的意义。

作文，真我比思想重要。

作文，体验比表达重要。

作文，兴趣比套路重要。

第五节　读懂成长，构建"小屋"

法国著名作家大仲马借基度山伯爵之口道出：永远也不要忘记，在上帝肯向人类揭示未来之日到来之前，这两个词就涵括了人类的全部智慧：等待和希望！

细细品味，这两个词也道出了教育的奥秘：对学生满怀希望，但要学会等待。对于成长中的初中生，我们缺少的恰恰是

"希望"和"等待"，不相信学生、没有耐心的现象比比皆是，具体表现就是"满堂灌"和"题海战术"。究其原因，最核心的问题是，我们大多培养的普遍是应试思维，而非学科思维；提升的是应试能力，而非学习能力。"工具理性"超越"价值理性"，工具理性支配下的教学，学生被当作学习机器或考试机器，没有追求真理的意志品质与实践能力，在获得应试能力的同时也便失去了核心素养。

教育，一万次的灌输，不如一次真正的唤醒。我们要清醒地认识到：知识不能被告知或灌输，能力亦绝非他人所能传授，是在学生自主思考和广泛实践的过程中逐渐建构的。

一、让"教"慢下来

如果让一位语文老师去放牛，他会拔起一根青草，向着牛群不停地发话："这是什么草？注意，不要乱说——举手回答。""你们以前吃过这种草吗？想不想吃？""快速地嗅一嗅，告诉我它的气味。""仔细观察它的样子，看看能分几段，每段的作用是什么？""在这种感受的基础上，你决定将来怎么办？比如——更加热爱大自然？吃的是草，挤出的是——奶和血？"结果许多牛饿死了。

这是一篇杂文《如果让语文老师去放牛》，提醒语文教师自以为一番苦心，却总是越俎代庖，长期下去，教师教得很累，学生学得很苦。如果下次再让我这位语文老师去放牛，我知道该怎么做了。我愿做"麦田守望者"，放心让"牛"去吃那带着露的"花草"，去嗅那迷人的"芳香"，咀嚼那鲜嫩的"草汁"，静静地反刍，慢慢地消化……我则在一旁微笑、默叹，并适时为他们找寻新的"草源"，欣赏他们贪婪的"吃态"，陶醉地看着他们成长。

我会用这种方式让我的教学"慢"下来。

我会反思:一堂流畅的课就是好课吗?老师讲得酣畅淋漓的课就是好课吗?文本解读深刻的课就是好课吗?我会掂量:学生真正地站立在我的课堂中央吗?学生筛选、概括需要多少时间?学生思考、表达需要多少时间?学生构思、写作又需要多少时间?

"讲"使学生能吸收,"问"使学生动脑思考,"练"使学生得到提高。我们不应该为条分缕析的讲解而汗颜,为机械破碎的训练而羞愧,为苦口婆心的说教而悲哀吗?这种"快"的教育不是严重阻碍了我们放牧的草地上大部分"牛"吃草吗?

慢是一种境界,慢是沉静,慢是沉浸,慢是澄净。"慢",左边心,右边曼,意为心里感觉到时间的延展;"忙",乃心亡,心中忙乱则心智难定,如有所失而缺乏主张。印度谚语云:"走三天路,我要坐在板凳上歇歇,好让我的灵魂赶上我自己。"从柏拉图《理想国》、卢梭《爱弥尔》到杜威《民主主义与教育》,从儒家经典《论语》到叶圣陶等人的著作,我发现:应当以儿童为中心。在《论语》中只有 7 个"教"字但却有 56 个"学"字,《窗边的小豆豆》教会我们要在慢中学会聆听,梭罗在《瓦尔登湖》中教会我们要"简朴、简朴、再简朴",《第 56 号教室的奇迹》教会我们要在"慢"中师生互信、道德共生。慢不是静止,比如一条河,水流得快的河段必定是浅滩,水流得慢的河段必定是深渊。

慢可以细读,可以精读,可以深读。"博观而约取,厚积而薄发",小切口、纵深入,以单线条拉动立体生成。慢读,不求广博,却得其妙;这样的课堂,浅斟低唱,涵泳品味,培养学生的语感和想象力,让学生在言语的丛林和字里行间穿行。从某种意义上说,语文课应是简约的课。化繁为简,一课一得,关键是教师要有"化"之思想,有"化"之胆魄,有"化"之能力。多则惑，少则得，每一节课，千万不可面面俱到，否则一面不到。没有一课的小"得"，自然就是大"失"了：失了能力的培养，失了素养的提高。所以，要想有"得"，还必须有"失"：失去应试观念，失去表面热闹[①]。

学习，需要学生主动参与，参与活动有三个层次：行动参与、情感参与、思维参与。更重要的是思维参与：目标让学生清楚，疑问让学生讨论，过程让学生经历，结论让学生得出。

二、让"学"动起来

有一次，陶行知先生在武汉大学演讲。他走向讲台，不慌不忙地从箱子里拿出一只大公鸡。台下的听众全愣住了，不知陶先生要干什么。陶先生从容不迫地又掏出一把米放在桌上，然后按住公鸡的头，强迫它吃米。可大公鸡只叫不吃。怎么才能让公鸡吃米呢？他掰开公鸡的嘴，把米硬往鸡的嘴里塞。大公鸡拼命挣扎，还是不肯吃。陶先生轻轻地松开手，把鸡放在桌子上，自己后退了几步，大公鸡自己就开始吃起米来。

这时陶先生开始演讲：我认为，教育就像喂鸡一样。先生强迫学生去学习，把知识硬灌给他，他是不愿学的。即使学也是食而不化，过不了多久，他还是会把知识还给先生的。但是如果让他自由地学习，充分发挥他的主观能动性，那效果一定好！台下一时间掌声雷动，为陶先生形象的演讲开场白叫好。

教育是"慢"的艺术，"放手"是路径。叶圣陶先生在《如果我当老师》中说道：我不怕多费学生的尽心，我要他们试读、试讲、试作探讨、试作实习，做许多的工作，比仅仅听讲多得

---

① 刘勇. 重建"自主学习课堂"的有效路径［J］. 未来教育家，2018（7）：36.

多，我要教他们处于主动的地位①。

"教"的目的是"育"，"育"的智慧是"放手"。顾之川先生认为：一是教师的"教"要服务于学生的"学"；二是善于激发、引导，让学生动起来；三是注意学生不同年龄心理特点；四是重视语文实践活动；五是重在点拨、启发与诱导；六是培养语感②。

为何放手？答案的直接呈现与反复背诵，教师的越俎代庖与照"本"宣科，成为压抑语文课堂的"王屋、太行"。在这个过程中，导致学习的过程缺失，对话的舞台缺位，学生的自我缺席。我们要发扬"愚公"精神，搬掉这两座大山。放手，就是要让学生参与体验，让学生消化吸收，让学生自我成长。

如何放手？首先，教师要不多为。课堂精讲，可以腾出时间，让学生多学。其次，教师不先为。教师后教，可以迸发灵感，让学生会学。最后，教师还要不妄为。课堂留白，可以挪出空间，让学生自学。教师有所为，是为了促进学生意义建构，实现课堂共生。教师有所不为，是为了促进学生自主学习、深度学习，培养学生终身学习的能力。

考什么教师就教什么，教什么学生就读什么，这是应试教育的怪圈。很多教师担心学生不会选书、不会读书，继以"爱"之名、"分"之实，剥夺了读书的时间，扼杀了阅读的兴趣。但他们忽略了一个事实：除了教材之外什么书都不读的人，到最后可能连教材也读不好。

过去，我也努力将课文分析来分析去，但学生屡屡出现"一听就会、一看就懂、一做就错"之怪现状，在上课时等待着老师讲答案，读文章时居然不会有自己的见解。怎么办？解决问题的

---

① 叶圣陶. 叶圣陶教育名篇［M］. 北京：教育科学出版社，2013：35.
② 顾之川. 语文工具论［M］. 南宁：广西教育出版社，2018：240-245.

办法是回到问题本身。既然不会阅读，就让学生阅读吧。我也不再讲来讲去，讲得自己都倒胃口，先学生自己阅读，大家再分享，这样的阅读就开始有意思了。剩下的时间怎么办？学生邀请我讲一篇课外的美文，真没想到，一个星期一篇，一不小心，半学期讲了十多篇。怎么，还嫌我太唠叨了，讲得太多了，那好，就刚才这个同学，你来谈谈对这篇文章的看法吧……嘿，真不赖，这小家伙讲得很不错，学生听得更认真。品读好文，推荐好书，在班上蔚然成风。

教师少讲，学生就可以多读；作业少点，读书就可以多点。就这样，我把阅读的主动权一步步还给了学生。懒于重复，勤于思考！

在课堂上摸爬滚打，使我越来越坚定一个目标：做个智慧的"懒"老师。

上课前，学生预习后，"智囊团"收集、整理预习问题，形成上课的主问题，并和我一同确立"学什么"和"怎么学"。在课堂上呈现学生预习中的真问题，这样做可以一箭双雕：一是可以最大限度地肯定敢于提问的同学，培育善于发现问题的良好学习氛围；二是问题来源于学生，这样的问题就会成为最好的学习情境，促进学生主动学习与积极思考。理想的课堂，应当是学生带着问题走进教室，又带着新的问题走出教室，思考一直伴随始终。

每周的名著阅读、周记点评、语文活动等成了学生的最爱，因为在这里，语文是他们自己的天地，语文是最美好的时空。学生邹舜的话让我记忆犹新：刘老师的教学方法很独特，每周都要"不务正业"——好好的教材不认真地教，却要别出心裁地搞新书推荐、名著阅读、随笔点评；还要拿时间开展"快乐语文"活动……我开始也担心我们的成绩，后来，我发现居然成绩不会差，关键的是，这样的语文课更有意思了。

三、让"成长"醒过来

苏格拉底的父亲是一位著名的石雕师傅，在苏格拉底很小的时候，有一次他父亲正在雕刻一只石狮子，小苏格拉底观察了好一阵子，问父亲："怎样才能成为一个好的雕刻师呢？"

"看！"父亲说，"以这只狮子来说吧，我并不是在雕刻这只石狮子，我是在唤醒它！"

"唤醒？"

"狮子本来就沉睡在石块中，我只是将他从石头监牢里解救出来而已。"

"唤醒"，多么富有启发意义的教育箴言！苏格拉底本人不也是一个伟大的心灵雕刻师吗？他经常说："我没有智慧，我只是智慧的接生婆。"冷静思索，我们也应当是灵魂的"唤醒师"，是智慧的"接生婆"。因为我们面对的每一个学生都是鲜活的，每一堂课都是无法再生的。每一个学生都是自然宇宙与人类智慧的结晶，每一个孩子都有丰富的心灵与巨大的潜能，教育需要将其内在的良知、良能唤醒，激发他们不断地进行自我"塑造"。

在偌大的舞台上，教师请君入瓮，学生猜测师意；教师展示才艺，学生充当配角；教师越俎代庖，学生被动建构……这些现象应当坚决杜绝。

要树立"课立则人立"的观念，为学生的一生成长建造"精神小屋"。曹文轩获得国际安徒生奖时，在《文学，另一种造屋》中说道：你可以在你构造的空间中让你的心扉完全打开，让感情得以充分抒发，让你的创造力得以淋漓尽致的发挥。毕淑敏在《精神的三间小屋》中认为应当为自己的精神修建三间小屋，分别盛放"爱和恨""事业"和"自身"。我们也要为孩子建造三间"精神小屋"，分别盛放趣味、能力和品质。

"趣味"，成长的动力、人生的乐趣。

"能力"，成长的钙片、人生的价值。

"品质"，成长的境界、人生的脊梁。

要搭建这三间小屋，在教学中要达成"语文味浓、自主性高、品质感强"的目标。语文味浓，即让课堂教学聚焦于语言文字的学习与运用，围绕核心素养，搭建学习支架。自主性高，即让课堂教学着力于学生的主体性和生长性，善于创设情境，进行对话共生。品质感强，即让课堂教学指向"慢教育"和"可测量"，尊重学习规律，提升学习品质。

第三章　本真课堂的审美标准

卢梭曾说：误用光阴比虚掷光阴损失更大，教育错了的儿童比未受教育的儿童离智慧更远。

教育，须做好"顶层设计"，确保正确航向；课堂，须做好"审美标准"，确保还其本真。王尚文先生说：如若能够课课感染，篇篇熏陶，持之以恒，学生的语文品质自然就会得到提升。而这正是语文课回归语文的必由之路[①]。回归本真与诗意的阅读教学，就是在阅读中自觉地、高质量地学习，其审美标准大致可以概括为三点：语文味、自主性、品质感。此三者，乃本真语文之"器"[②]。工欲善其事，必先利其器。孔子强调"君子不器"，不可拘泥于"器"。在语文学习中，教师、学生、教材和环境相互作用，动态生成课堂品质。

老子说他有"三宝"：一曰"慈"；二曰"俭"；三曰"不为天下先"，也就是谦。本真阅读亦有"三宝"：回归学科之真，注重育人之善，培育品质之美。本真阅读课堂关注学生，让学习"真"起来；关注言语，让语言"用"起来；关注文化，让语文"厚"起来；关注生活，让语文"活"起来；关注思维，让语文"深"起来。

---

① 王尚文. 回归语文的必由之路［J］. 语文学习，2014（12）：16.

② 刘勇. 让语文教学回归本真的路径分析［J］. 中国教育学刊，2017（特刊）：46—52.

第一节 语文味浓

2001 年上半年，"语文味"理论，由程少堂首次正式提出。

百度百科引用程少堂的原文解释：所谓语文味，即在语文教学过程中，在主张语文教学要返璞归真以臻美境的思想指导下，以共生互学（互享）的师生关系和渗透教师的生命体验为前提，以提高学生的语文素养、丰富学生的生存智慧、提升学生的人生境界和激发学生学习语文的兴趣为宗旨，主要通过情感激发、语言品味、意理阐发和幽默点染等手段，让人体验到的一种富有教学个性与文化气息的，同时又令人陶醉的诗意美感与自由境界①。

从教育哲学的角度看，"语文味"符合语文教学的本质规定。通俗地讲，语文教学首先是姓"语"的，主要包括字词句篇、语修逻文、听说读写等三大板块十二个方面。用语文的方式来表现生命活力，是语文教学的本真境界，正如当代丹麦语言学家叶斯大林帕森说的：把孩子们投入语言的海洋。

当然，"语文味"也是一个比较宽泛的概念，是一种总体要求。

一、彰显语文学科之味

什么是学科的味道？语文的味道就是母语的味道，即关注每一个言语个体的言语智慧。

吉春亚老师曾提出：言语是语文学科的特殊性质。其基本观

---

① http://baike.baidu.com/view/1891547.htm.

点是：①"言语作品"是教学内容的主体。②"言语活动"是教学活动的主要形式。③"言语形式"是语文教学的立足点。④"言语能力"是语文教学的基本目标。正如语文教育家叶圣陶先生指出的：文字是一道桥梁。这边的桥堍站着读者，那边的桥堍站着作者，通过这道桥梁，读者才和作者会面。不但会面，而且了解作者的心情，和作者的心情契合。

语文只能是语文，这就是语文的基本味道。在基本实施现代语文教育方式的同时，适当补充传统的经验，多少加点慢功夫，培养读书的兴趣与习惯①。这里有两个关键词，一是"慢功夫"，二是"读书"，二者不可偏废，慢下来方可沉浸于读书，多读书更能培养"慢"之品质。简言之，学生与语言文字亲密接触，可以慢下来读书，让书香浸润自己的生命，化育语文的必备品格和关键能力，这样的课堂就具备了语文的味道。

除了我们前面论述的语言文字之美外，语文之味还来源于语文自身的品质。王尚文先生构建了一个衡量"语文品质"优劣高下的标准体系：这个体系包括两个层次，即"基本要求"和"审美层次"。他认为，关于基本要求，有几个方面：就文章本身字词句段之间的关系而言，是"清通"。就文章与外部世界的关系而言，首先是"适切"，指文章表达的意涵与作者的言语意图要贴合；其次是"准确"，指文章所表达的与表达对象的实际情况要一致；再次是"得体"，指文章的语气、言语色彩等要契合文章作者与读者的真实关系。关于审美层次，则包括洁净美、情态美、节奏美等②。

一个优秀的语文教师，其可贵之处在于始终坚守语文教学这

---

① 温儒敏. 温儒敏谈读书 [M]. 北京：商务印书馆，2019：20.
② 傅惠钧. 试评王尚文关于"语文品质"的研究 [J]. 语文教学通讯，2018 (1B)：17—20.

"一亩三分地"，不掺杂质，永葆本真。所有的教学活动，都应当清晰地指向一个目标：提高学生正确理解和运用祖国语言文字的能力。因此，教学中每一个重要的教学环节，都应当关注文本的"篇性"特点与"类性"特征，围绕语言学习与运用展开，并巧妙地把思想、情感、人格的熏陶感染有机地统一在一个生动活泼的语言教学过程之中，真正体现"工具性和人文性的统一"，从而提升母语的审美与文化品位，这就是语文学科的味道。

请看笔者教学《再塑生命的人》的一个课堂片段：

师：标题是文章的眼睛，是读者接触文章的第一步。好的标题，能吸引读者对作品的关注与思考，诱发读者阅读作品的兴趣。请结合文章内容理解标题"再塑生命的人"，你认为重读哪个词更能体现作者之意？

生1：应该重读"生命"，因为人的生命只有一次，这里强调了莎莉文老师给予海伦·凯勒的是"生命"这样宝贵的东西，表达了作者的无限感激之情。

生2：应该重读"再"，"再"是又一次的意思，而生命本身是爸爸妈妈给予的。我认为标题想表述的是在莎莉文老师的教育下，仿佛给了绝望的海伦又一次"生命"，也能表现出莎莉文老师教育的成功。

师：生命对于每个人而言都是弥足珍贵的，而莎莉文老师却给予了海伦·凯勒又一次生命。本文的标题震撼人心，能突出莎莉文老师对海伦·凯勒影响之重大和深远，也充分表达出作者在回忆中的无限感激之情。还有没有其他的理解？

学生沉思。

生3：我觉得标题应该重读"塑"，"塑"是塑造的意思，海伦·凯勒的生命就像一尊雕塑，一开始只是一团泥，只是原材料，后来通过莎莉文老师加工，让它变得丰盈鲜活了，就像是赋予了第二次生命，所以应该重读"塑"。

同学们热烈鼓掌。

师：说得太好了。"生命"，"塑"的对象；"塑"，"生命"的发动源；"再"，则是"塑"的次数强调。"塑"是一个动词，是一个带有过程性的动作；所以这个标题具有过程性和场景感。不过，海伦·凯勒的生命就是"一团泥"吗？这个问题，我们在后面的环节中将继续探讨。

师：我们都知道，生命是与生俱来的，人的生命只有一次。但本文标题却是"再塑生命的人"，请阅读原文后思考，海伦的生命原来是怎样的状态？

学生阅读，自由勾画。

生4：她感觉自己生活在黑暗之中，渴望光明，无声地呼喊光明。

生5：她说自己像在迷雾中行驶却没有方向的航船，特别害怕！

生6：愤怒、苦恼，疲惫不堪，甚至于自怨自艾，自暴自弃。

师生有感情地齐读标题。

在这里，采用的是语文的活动——品读标题，关注的是言语的形式——重音处理，培养的是语文的素养——理解品析。用语文的方式来培养学生的语文能力，这就是"语文味"。

史绍典先生评价这个教学片段时曾说："我很欣赏实录对文本'标题'的解析。刘勇找准了一个'节点'，'你认为重读哪个词更能体现作者之意'，这是一把钥匙。"他还指出："看似'你说东来我说西'，各执一词，实则是各抒己见，各自'言之成理'。这之中又有刘勇的点拨引导，其他学生答问的穿插，但共同的指向都是对生命的体认。"他接着指出："刘勇的点拨是有道理的，'塑'是一个动词，是一个带有过程性的动作；所以这个标题具有过程性和场景感。其中对'过程'与'场景'的解析，独具张力。"透过这个教学片段，我们可以看出，即使对情感的体味与把握，也要紧扣语言，体现对言语生命个体的关注，方能呈现出独特鲜明的语文味道。

二、厚植语文课堂之根

陈日亮所言"我即语文"，道出了语文教师的一份责任与担当，一种坚守与超越，也道出了语文课堂的"根"——语文教师的专业素养和人文情怀。

在学生面前，语文教师展示的不仅仅是专业素养，更核心的是人格魅力。如何以一个语文人的生命唤醒、激励、鼓舞和鲜活学生的语文生命，是语文教师的魅力之所在。曹勇军在《寻找美丽的语文》中认为"语文有美丽的面容和个性""美在于生命的感发""美在于生命的敞亮""美在于生命的锻造""美在于生命的表达""美在于灿烂的感性""美在于超越规则的自由"[1]。试想，一个不爱读书，不爱写作的人，他的课堂有魅力吗？

笔者建立工作室十余年来，带领工作室成员听过不少公开课，确实获益匪浅，有所启迪，也有难以恭维、大失所望的。有的师生反复演练，课堂虚假繁荣；有的环节预先安排，学生主体沦丧……究其因，部分语文老师的教学理念滞后，专业素养不足，所以不敢真正放手，亦无法让学生在语文活动中慢慢习得"语言文字的运用"，往往对"生成"置若罔闻，一切重归"预设"的囊中。

或曰：教师专业素养差则课差，诚哉斯言！那么，语文教师的专业素养到底有哪些？大致而言，一位语文教师除去对语文教学和语言文化的热爱外，还应当具备六个方面的专业素养——文

① 曹勇军. 语文，我和你的故事［M］. 北京：商务印书馆，2015：26—50.

字素养、语法基石、文史知识（这三点主要侧重于知识）及教研能力、写作功底、整合功夫（这三点主要侧重于能力）。

文字素养，是语文教师的第一素养。戴高乐说过：语言是一个民族最宝贵的财富。而余光中则铿锵言说：中文乃一切中国人心灵之所托。如何让学生爱上"横竖撇捺"？单说这个"木"字吧，很简单，就一横一竖一撇一捺，但它不是简单的相加，它代表一棵树的形，你仔细瞧瞧：一横一竖为树之干与枝，一撇一捺是树之枝与叶，有干有枝有叶，方能构成树。中国汉字的神奇还在于它的形象性和生长性，以木为基础，上划一短横便成"未"，表示树木在生长发育，所以上横短；而上划一长横则是"末"，表示树长到秋冬便会暂时停止生长，反而叶落而枯，也就是末路了。倘若我们每一位语文老师都能够将常用的 3600 个汉字说出个道理来，他的教学一定充满了语文的味道，一定深受学生喜爱。

于今天的教学而言，"语法"的传授有一些尴尬。但语文不能不讲语法，如何讲？可以用八个字来把握："掌握一般，记住特殊。"汉语没有严格意义的形态变化，它不同于欧洲语言，如名词没有格的变化，也没有性和数的区别；动词不分人称，也没有时态区分。汉语由语素、词、短语和句子四级单位组成，语素是基本单位，词讲词类，短语讲结构，句法则主要讲句子结构的一般规律和变化之美；复句八种，并列、承接、递进、选择、转折、条件、假设、因果，重在逻辑思维训练。学生平时作文，病句多，条理不清，与没有较为系统的学习语法知识有很大关系。统编教材随文补白，语法学习初现身影。

作为教师，掌握了一般规则，在课堂教学中仍然是远远不够的。举例来说，比如"顶针"，就词的组合而言，它究竟是动宾式还是偏正式呢，就很难定准，如此可在造句中，设置语境去辨别。"妈，鞋底，我穿不过去，针被卡住了。""孩子，顶针嘛，一顶针就过去了。""妈，把顶针拿来嘛。"前两个"顶针"显然是动宾的用法，一顶针就穿过去了，属短语结构；最后一个"顶针"是名词，用来说明一种东西，是偏正结构，可见"顶针"的"顶"虽是动词，但就组词方式而言，属于偏正式。所以，课堂是灵动的，语境是鲜活的，语法也是有趣的。

带领学生品读文本，往往会提到"知人论世"，而知人论世明显能诠释文史不分家的内涵。自来文史不分家，写文不入史，文无内涵；知史而少文，便杂乱无章。中国文化虽历经朝代变迁，首都地域更迭，各种文体亦有所拓展，但文化思想总是一脉相承。即便佛学的渗入，也只是"儒释道"三教相融而已。晚清西学东渐，至新文化运动出现白话文到现代语文的确立，迄今不过一百多年的历史，但仍强调"中学为体，西学为用"。

文化一词最早始于古罗马哲学家西塞罗，拉丁文是 cultura animi，意思是"灵魂的培养"。所谓文化，在汉语中就是"人文教化"的意思，这里的"教"字，就是传授的意思。由此观之，文史知识既存在于人的内心世界，又离不开外在的教育感化。当然，中华文明上下五千年，语文教师若能清晰梳理，自然在教学时能举重若轻，彰显文化之本源。当然，古今中外的文化如浩浩之水，厚积薄发应当是一个进行时。

教而不研则低，研而不教则虚。一个教师，如果只从事教学，不进行教研，由于欠缺论证，其教学方向难以坚定；由于懒于锤炼，其教学个性难于彰显；由于疏于思考，其教学方法难以出新；由于轻视积淀，其教学境界不易高超；由于淡漠梳理，其教学视野很难开阔。所以只从事教学，极可能沦为教书匠，而同时坚持教研，才可能成为卓越教师。

纸上谈兵总是效果不佳，甚至贻误"战机"。会阅读的教师，在带领学生阅读时总有方法和技巧；会写作的教师，在带领学生写作时总能让枯燥的写作变得生动活泼起来。

最可怕的事情是一个从不写作的人，不知从哪里搞来一些所谓的"写作秘诀"，大声吆喝着让学生练习，指手画脚地给学生下一些空洞的评语。写作既是语言的锻炼，也是思维的体操。你可能有很多的创意，可能有很好的异见，也可能有很深的思想，但如果不写作，你的创意可能稍纵即逝，你的异见可能散碎模糊，你的思想可能肤浅感性。

有能力有思想的语文教师，常乐于创造性教学。基于大语文观念，语文需要整合，但并不是消解语文本身的内容，而是丰厚语文的天地。当然，整合还可以提高教学效益，它体现着教师的教学智慧和教学水平。首先是"小整合"，即课文之间的整合，一般体现为单元之内；其次是"中整合"，即学期内教材的重组与建构，甚至于可以跨越教材的限制，由课内到课外；再次是"大整合"，需要具备跨学科的素养，从而实现学科内、学科间的整合。

芬兰所提倡的"现象教学"，美国所提倡的 STEAM 教育都是"大整合"。我们应当站在"整体育人"的高度来理解教育，但传统的学科教学，在学科之间，在教学与生活之间是相互隔离的。狭隘的学科观念，单一的教师要求，烦琐的机械练习，都与课程整合本身所应该有的灵性和个性格格不入。有过程，学生才能真正参与；有形态，师生才可有效把握；有情感，整合才会温暖人心。让课堂与生活融合，有现实、有人物、有故事；让课堂与未来链接，有创新、有想象、有挑战。让图书馆走进课堂，让博物馆走进课堂，让大自然走进课堂……这样的学习，于学生而言兴趣极浓，用处极大，这本来就应该是教育的样子①。

当然，教师的魅力还远远不止这一些，还包括信息素养、人格魅力、幽默指数、交往艺术等，在此就不再赘述了。王荣生认

---

① 刘勇. 让核心素养落地［J］. 教育科学论坛，2017（7）：53—57.

为"教材内容教学化"是教师的主要任务，用选文朦胧地顶替语文课程与教学内容，实际上将课程与教学内容留为"空白"。这从好的一面看，是为优秀语文教师创造性地研制适宜的教学内容提供了广阔的空间；但在通常情况下，却往往导致教师们在"教"的内容选择上随意而杂乱①。

彰显感性，强化理性；回归本真，保持诗意。理性和感性，是语文的左右之翼；书本和生活，是语文的左右心室。语文教师的专业素养和人文情怀就是语文教师的左右心室里涌及全身的血液。

第二节　自主性高②

自主性是人作为主体的根本属性。自主发展，重在强调能有效管理自己的学习和生活，认识和发现自我价值，发掘自身潜力，有效应对复杂多变的环境，成就出彩人生，发展成为有明确人生方向、有生活品质的人③。

"自主学习"是课堂教学的前提和基础，也是教学的起点和落点。但是反观我们的课堂，做得最不理想的恰恰是"自主学习"，其突出表现为"不充分"——时间不充分、时机不充分、策略不充分、指导不充分、反馈不充分。当下的课堂需要重建，重在建构课堂生态和课堂文化，让学生能够自我成长、自我反思、自我教育，这是教育的不懈追求。

---

① 王荣生. 语文课程与教学内容 ［M］. 北京：教育科学出版社，2015：19.

② 该节内容以《重建"自主学习课堂"的有效路径》为题发表于《未来教育家》2018 年第 7 期上，有增改。

③ 核心素养研究课题组. 中国学生发展核心素养 ［J］. 中国教育学刊，2016（10）：1—3.

很会教的老师已落伍[①]，过于负责任的教育未必是好教育，有时甚至会成为学生学习的负担。"懒"妈妈是可以培养出优秀儿女的，负责任需要智慧，否则就会变成"负"的责任。成长就是一种体验，成长更是一个过程，教师应当从"教"的专家转变为促进学生"学习"的专家。自主性高的课堂，既要关注学生的参与度和接受度，还要关注学生的学习力和差异化；自主性高的课堂，既要引导学生进行自问和自习，还要引导学生进行自思与自悟。

一、聚焦学习活动

自主学习是有效学习、深度学习的前提保障，而自主学习的衡量标准是学生的"主观意愿"和"内在自由"，教师要充分意识到学生的发展不是被动、被迫、被卷入的，而是自觉、主动构建自我与世界、与他人、与自身内部精神世界的过程[②]。要为学生带来内心的主动与内在的自由，教师首先要高度重视学生的"主观意愿"，并将其视为"内在自由"的重要特征。正如英国政治哲学家约翰·穆勒倡导的，自由是一种自我决断，唯一可称作自由的事，乃用我们自己的方法来实现我们自己认为好的事情[③]。

要培养学生的自主性，在教学中应当关注"学的活动"（即学生学习语文的活动）的设计与实施。"教的活动"更多关注的

---

① 樊丽萍. 佐藤学：很会教的老师已落伍 [N]. 中国教师报，2017－03－19 (7).

② 姜勇，郑楚楚，戴乃恩. 论"生命"境界的教育 [J]. 中国教育学刊，2017 (2)：20－24.

③ 海德格尔. 哲学：思的经验 [J]. 陈春文，译. 北京：人民出版社，2008：91.

是"我就是要教这些""我就是要这样教"。关注了"教的活动"，就会忽略"学的活动"；"教的活动"越完整，"学的活动"就会越零散。以学习活动（"学的活动"）为基点，就是在教学内容确定的时候，着重考虑学生需要学什么；在设计教学环节的时候，着重考虑学生怎样学才好[①]。

如何设计和实施语文学习活动？

黄厚江认为，它应当具备几个要素：必须是语文的学习活动，必须有明确具体的学习要求，必须着眼于全体，必须是适当适时的，必须是相对完整的，必须是逐步深入的[②]。一切最有效的学习都是自主性学习，自主性是衡量学习的试金石，也是去除"假学习"最有效的路径。但培养学生自主性的前提是教师不只关注自己的教，还应当关注学生的学。

在语文学习中，温儒敏先生提倡"个性化的阅读和浸润式的学习"。从当下学习现状来看，过分依赖是学生学习的最大天敌，而过度包办则是教师教学的最大悲哀。要改变现状，就应当聚焦学习活动，变师教为生学，变教师表演为学生活动。

从角色论说，学生是课堂学习的主体群；教师既是学生学习情境的创设者，是学生学习过程的领航员，是学生学习资源的开发者，是学生学习的评估者……也是这个主体群中的成员。所以，在课堂中，教师要尽可能多地与学生一起学习，参与到学生主体群中，感受学习的酸甜苦辣；要尽可能多地让每个学生都有成为小教师的机会，参与到教学主体群中。这就是课堂学习方式变革的"灵魂"。

---

① 王荣生. 阅读教学设计的要诀［M］. 北京：中国轻工业出版社，2014：126-128.

② 黄厚江. 还课堂语文本色［M］. 北京：教育科学出版社，2012：38-39.

二、变革学习方式

在学校里，学生希望成为什么样的人？成绩优秀，老师表扬……不不不，是渴望成为集体中有用的人，这是来自《东方教育时报》的调查，这个调查结果让人深思。

它启迪我们寻找重建课堂学习的方式：第一，课堂是一个学习的共同体，可以相互对话，相互学习，互相促进；第二，要让每个学生成为有用的人，在集体中有自己存在的价值和意义，能发挥自己的作用和优势。

在芬兰考察时发现，从幼儿园到小学、中学、大学，无一例外，几乎都采用小组合作学习模式；不仅观课如此，连我们参与体验的讲座亦是如此。合作学习也是一种项目式学习，在方案设计、学习目标、角色分工、学习方式、学习过程等方面与传统的传授式教学有很大区别。让学生成为学习的主体，让课堂成为学习共同体，让教室成为最有意义、最令人向往的地方。当然，合作学习绝不是抹杀个性，缺少自主学习的合作往往是假合作，更需要在自主学习阶段下功夫，并能在合作学习之后反思自己的学习，从而促进下一阶段的自主学习。

我校的"普通中学'3+1'课堂教学改革"成果获得四川省人民政府成果二等奖，在常规课堂活动中，"自主学习""点拨归纳""自检互评"必备要素即"3"，"拓展迁移"则视情况而定。四个活动要素顺序可以灵活，比重可以调整，频率可以重复。"3+1"以"自主学习"为核心，合作学习中的"点拨归纳""自检互评"彰显着学生的主体性，体现了"先学后教、以学定教，师生互动、教学相长，及时补正、当堂掌握"的教学策略。它增强了教学的针对性，突出了课堂的生成性，从而大大提高了教学的有效性。

变革学习方式不是空头的支票，更不是口头的宣言，是需要在学习过程中真正落实的。夏青峰认为素养积淀呼唤更为丰富的学习体验方式：在"教"中学，在"做"中学，在"创"中学，在"研"中学，在"行"中学[①]。

基于儿童经验，擅长儿童视角，沉浸儿童世界，是优秀教师的必备品质。学生不是知识的容器，亦非考试的工具。坐姿端正却上课走神，毕业撕书且憎恶学习……我们不能回避应试，但可不可以生动活泼地抓应试；我们不能逃避分数，但可不可以眼中不只是分数。

在教学过程中，站在学生立场，师生就是一个学习共同体，这样的"教"才能促进学生真正的"学"，从而避免虚假学习。尊重儿童的特点，树立"少即是多"的理念，提倡"极简"教学，用简单清爽的线条，用简明得体的语言，用简要管用的点拨，促进学生自我建构，形成终身学习的关键能力。促进学生自主学习，是教学的起点，也是教学的终点。在起点与终点之间，要搭建两个支架：一是教学设计，要聚焦学习活动，这是落实学生"学什么"的问题；二是课堂学习，要变革学习方式，这是落实学生"怎么学"的问题。

第三节　品质感强

语文课堂，需要讲效益，但更需要讲品质。

什么是语文的品质？也许不能简单概括。钟启泉认为，真实性才是核心素养的精髓，他指出构成真实性评价的三个要素是：

---

① 夏青峰. 学习方式的变革重在改变学生的思维方式 [J]. 人民教育，2017（6）：39-42.

观察，以某种方式观察学生知道什么、思考什么、会做什么；推测，推测学生的这些表现背后，认知过程是怎么起作用的；清晰，清晰地把握学生这些表现背后的认知过程本身的真实面貌。我们需要通过观察和推测，然后进行理性分析，以追求清晰的教育境界。

在古希腊语中，学校一词的原意是闲暇时间。在周国平看来，学校就应该提供足够多的自由时间，让孩子们阅读、玩耍、思考，在这种氛围中自然而然地成长。教育不仅驻足于物质的存在，而且关注精神的存在；教育不仅评价学生是否在学识与能力上得到成长，而且衡量学生内在精神的成长；教育不仅关心学生现在的学业成功，更关心它对学生未来一生的幸福成长究竟意味着什么。蒙田说，学习不是为了适应外界，而是为了丰富自己。

过分强调效率必然丧失品质，没有品质的效率只是"分数"，没有真正的质量。正如北京大学教授陈平原所言：语文教学的特点是慢热、恒温，不适合爆炒、猛煎，就像广东人煲汤一样，需要的是时间和耐心。

教育，应该尽可能不设"防线"，不挖"雷池"，不扣"帽子"。教育，就是创设一个可以想象的自由环境，让孩子健康快乐地成长；我们一厢情愿地矫正和过度地干涉，事实上许多时候比"不教育"还糟糕。

语文的品质，首先关注生命，其次关注生长，再次关注生活，这就是语文的"生命"境界。我们需要强化母语的"生命"境界：以阅读为主线，以积累为基础，以思维为核心，以文化为本质。这种境界的语文教育，挣脱了外在的种种束缚，转而关注受教育者的精神存在与生命本质。

一、培育学生个体生命品质

如何促进精神的成长，保证母语学习的品质？

"品质"一说并非十分周全的明晰概念。教学的本质是心灵的解放，在于唤醒学生的生命，迸发学生的情感，激活学生的思维。个体的生命品质和母语的发展品质，是学习品质的衡量指标；兴趣和运用，是保证学习品质的关键因素。当然，我们也知道，教学不可能只是好玩，它是趣味性与科学性（感性与理性）相统一的艺术，教学的核心是创设和谐融洽的师生关系和轻松愉快的学习环境，并采用灵活多变的教学方法，让学生"乐中学，学中用"，从而让学生学得主动，学得深刻。

人生成长的过程就是一个不断试错的过程。在课堂中，学生没有尝试的机会，就没有失败的可能；没有失败的经历，就没有探索的动力；没有探索的时空，就没有独立思考。我们知道，学生真正的独立思考往往是发生在他们犯错以后，这时的思考就是真正的自主学习，就是一种自我反思。在母语的教学中，学生能够进行自我反思的学习，才是高品质的学习。

完成，比完美更重要。不容许学生犯错，不仅仅是一种苛刻的教育要求，还可能会使学生丧失"敢想、敢说、敢为"的品格，更可能会导致学生站在教育的对立面。能不能容错需要宽容和情怀，如何纠错需要智慧与艺术。在教学中，还要学会融错，即将错误作为一种资源，在教学中有意识、艺术地融入典型错例，让教学"妙"趣横生，让学生总结经验，生成智慧。当然，如何容错？如何纠错？其中的分寸拿捏最为重要。

首先，要树立一个基本的原则，语文课没有兴趣就没有品质。

我国古代著名教育家、思想家孔子说过："知之者不如好之者，好之者不如乐之者。"只有"好之""乐之"才能有高涨的学习热情和强烈的求知欲，才能以学为乐，欲罢不能。

　　物质刺激、廉价表扬，都无法让学生的兴趣持久，这样的兴趣也没有真正的品质。教室与教室之间的核心差异不是教室的布置，而是课堂的气氛，好的课堂气氛是恬静与活跃、热烈与深沉、宽松与严谨的有机统一，动静相宜，从而拨动学生的心弦。

　　营造课堂氛围，显著的听觉特征应该是：掌声、笑声、读书声、讨论质疑声。这声声入耳中彰显课堂"情""趣""境"之美。所谓"情"，就是激发学生的情感，通过课堂上的"掌声"，让学生感受到教师的智慧与同伴的优秀，感受到内容的精美和语言的精彩，但掌声不是强迫或作秀，而是真心热诚；"趣"就是透过"笑声"彰显文本与课堂的趣味，让课堂不再枯燥乏味，让教学内容立体可感，但"笑声"不是低俗、哗众取宠，而是静心思考、倾听后会心收获的快乐；"境"就是创设对话或生活情境，进入文本或课堂的情境，让学生通过讨论声或读书声真正地、智慧地参与，注重思维训练和智力挑战，注重习得和运用，让学生自主、合作、探究式学习，变得更智慧。掌声、笑声、读书声，声声入耳，理想的课堂，就是要实现"感性"和"理性"的沟通，"艺术"与"科学"的匹配，"严谨"与"浪漫"的融合。

　　我们说课堂以"活动为主线"，"活"就是指内容要鲜活，指向要生活，形式要灵活；"动"就是要有序地动，综合地动，最终高效地动。活动不可太散，否则教学目标就会游离，课堂就会低效。有时，课堂上还应当让学生静一静：安静地阅读，安静地思考。让学生有独立的时间和空间，不是假阅读、假学习。

　　少与多，也是相对的，是动态变化的。关注了学习品质和学习效果的"少"比灌输式、填鸭式的"多"要好得多，并且长期下来，学生的收获要"多"得多。少教多学，就是要留给学生体验学习的时间，留给学生消化吸收的时间，留给学生自我成长的时间。

语文学习，"好学"比"学好"重要。好学是一种态度和习惯，强调的是主动学习的品质、探索问题的精神和追求真理的境界；学好，只是一种结果的呈现。杨绛先生认为：好的教育首先是启发学习兴趣。可以说，兴趣是真实性的基本前提，也是培育学生个体生命品质的基石。在语文的教育教学之中，要培养学生终身学习的学习动机，还应当培育学生驾驭自己学习的元认知能力，这就是语文品质的核心要素。

二、提升学生母语发展品质

如何全面培养学生的母语素养呢？张定远先生认为应当进一步树立正确的教学理念，牢牢把握语文的特点，指导学生积极主动地参与语文教学实践，参与语文教学全过程。尤其要重视语文对学生的熏陶感染作用，引导学生多方面接触语文学习材料，丰富语言的积累，进而培养学生的语感。他还进一步指出，那种不把语言作为教学重点的情况应当加以纠正；那种离开文本，让学生用大量时间进行枯燥的、乏味的、不科学的语文训练应当摒弃；那种不引导学生大量阅读课外读物，在课堂上听不到读书声的局面应当改变；那种脱离文本、脱离社会生活和学生生活实际的架空分析、单向传输和封闭式教学应当加以克服①。只有如此，我们才能既生动活泼又扎扎实实地进行语文教学，进而全面培养和提高学生的语文素养，真正地提升语文课堂的品质和品位。

---

① 张定远. 与时俱进 开拓创新 为全面提高学生语文素养而奋斗 [J]. 现代语文，2004（1）：31—33.

　　基于语文学科的特点，语言的运用是重要目标。王尚文先生认为，抓住了"运用"，也就抓住了语文教学的牛鼻子。语文教学的奥秘，几乎全在"运用"二字。这里我需要强调，王尚文先生并非主张"技术主义"，他指出，如何运用语言文字，既是一个运用的技术、技能、技巧问题，也和运用者的立场、观点、思想、情感等密不可分，它们是一张纸的两面。他还反复强调理解与运用的关系，"理解"不能笼统地指向语言（汉语），应当明确化为理解如何运用语言文字。也就是说，我们不能把"正确理解和运用祖国的语言文字"解读为：正确理解祖国的语言文字＋正确运用祖国的语言文字。除了语文课程之外的所有课程都有一个共同的正确理解所学的教科书的语言文字的任务。如果不突出"运用"的特殊重要性，就不能突出语文内在的质的规定性。若将"理解"跟"运用"割裂开来，将其对应于阅读教学，那么，就会自然而然地仅仅指向于语言文字所表达的意思。过去，我们曾将语文课上成政治课，现在又出现了"非语文""泛语文"的倾向，这种片面的解读似乎难脱干系①。

　　王尚文先生的论述很透彻。理解为运用服务，运用才是语文学习的终极目标。只不过，我们需要追求巧妙地、恰切地、鲜活地运用，彰显个人的智慧和个性的魅力。

---

　　① 王尚文. 语文课是语文实践活动课［J］. 课程·教材·教法，2009（4）：25－28.

附：刘勇名师工作室"本真阅读"课堂（ASK）观察量表。

学校		教师		课题				
时间		节次		午　第　节	总评结果			
评价维度		评价描述		评价结果（用√表示）				
					优	良	中	待提高
自主性 （Autonomy）	聚焦学习活动	丰富的听、说、读、写活动 合宜的学习支架、学习情境 恰当的活动过程的学习监测						
	变革学习方式	自主：主动预习，主动思考，主动笔记…… 合作：学会倾听，学会对话，学会分享…… 探究：大胆质疑，勇于实践，敢于创新……						
语文味 （Subject）	学科的魅力	注重文本的"篇性"和"类性"特征 彰显语言的学习和运用本质 提升母语的审美与文化品位						
	课堂的温度	课堂参与的信度 课堂展开的力度 课堂评价的效度						
品质感 （Quality）	个体生命品质	尊重学生的个体特点 促进课堂的有效生成 实现生命的丰富和谐						
	母语发展品质	传承母语传统 体现母语特质 达成"人""文"一体						
总体描述		成功点与原因分析：						
		改进点与原因分析：						

　　说明：从自主、学科、品质三个词出发，建立一个关键学习指导路径，从而提升课堂教学品质。

第四章　本真教师的修炼路径

在中国传统文化中，"修齐治平"为儒家最高理想；我所在的学校，"修身"是核心的理念，提倡师生双修。语文教学，我们倡导"师生共读、共写、共同生活"①。

长在山间的林木，因其无所用，才能保全天年、枝繁叶茂。对此，庄子说："人皆知有用之用，而莫知无用之用。"当我们习惯于以常态的"有用"和"无用"来评价周围的世界，甚至以一种纯功利的眼光来做出取舍时，我们能得到什么？或许失去的比得到的更多，这繁荣的物象背后却是人心的枯萎和信念的崩塌。

莫言在诺贝尔奖晚宴中致辞："文学和科学相比较，的确是没有什么用处。但是文学的最大的用处，也许就是它没有用处。"这或许就是语文教育的哲学，"无用之用，方为大用"。语文教师在立志做一名"专家"的时候，应当首先做一名"杂家"。广泛阅读，厚积薄发；课外书不等于闲书，只知道读教材和教参的教师，肯定教不好阅读。"腹有诗书气自华"，语文教师，只有养成了爱读书、会读书的良好习惯，他的内心才会更加的充实和自信，他的课堂才会充满魅力和魔力。

梁文道在《悦己》中说：读一些无用的书，做一些无用的

---

① 刘勇. 让语文教学回归本真的路径分析 [J]. 中国教育学刊，2017（特刊）：46—52.

事，花一些无用的时间，都是为了在一切已知之外，保留一个超越自己的机会，人生中一些很了不起的变化，就是来自这种时刻。我们读过的书，走过的路，在未来都会有所体现。或许某些人眼中，那种被认为"无用"的东西，越往后越有价值，它让你成为"最好的自己"。

其实我知道，教师比学生更需要阅读；爱阅读、会阅读的教师才能让阅读教学回归本真。真正的阅读，既是语文教师修身的路径，亦是语文教学经世致用的良方。教育的魅力，在于不断地求真，不断地突破，不断地创新；教师的魅力，在于完善自己的生命境界和教育境界。

读以致真，读以育善，读以达美；深耕阅读，静水流深，久久为功。

第一节　阅读，让"芦苇"扎根泥土

"蒹葭苍苍，白露为霜。所谓伊人，在水一方。"

记得小时候，读到《一千零一夜》，多么想拥有那可以实现愿望的"阿拉丁神灯"，原来"伊人"也可以是"阿拉丁神灯"。

后来长大了，教书、成家、立业，经历了很多曲折，也克服了重重困难，真所谓"溯洄从之，道阻且长。溯游从之，宛在水中央"。但时至今日，我越来越相信：阅读，就是那双可以擦亮神灯的"手"，就是那位可以点亮心灯的"神"，就是那种可以滋生"芦苇"焕发出生命光泽的"伊人"。

现在，我就想如何让阅读真正走进每一个孩子的心灵，让阅读为孩子点亮一盏温暖的心灯，让阅读成为师生的一种生活方式。

福楼拜曾说：阅读，是为了活着。人，是一根能思想的苇草，但这棵苇草首先是扎根泥土的，它有着泥土的气息和泥土的芬芳。

时至今日，我仍为我的理想而奋斗！

清明，回乡给父亲上坟，总会看见老家废弃的墙头上长着的一棵芦苇。春来新生绿叶，夏日葱葱郁郁，秋季白絮飘飞，冬天枯黄蛰伏。寂静地独立，疏落而顽强。

在我的印象中，父亲是严肃而伟岸的，他长年在外地工作，家庭的主要开支都靠他。回家时，他常常是一身的风尘和满脸的疲惫。我和妹妹常躲在门后看他，他总是会询问我们的功课，检查我们的试卷，小小的我们在他魁伟身躯的映照下，显得特别渺小而又战战兢兢。但我们又都特别期待，他带回来的各式各样的东西，这是乡村里其他孩子没有的神奇，成为我们可以炫耀的资本。特别是父亲带回来的连环画和各类图书，更为我们赢得乡野邻里所有孩子艳羡的目光，我觉得书是香的，枕在书上睡觉，连梦也是甜的。鄙陋的乡野、书中的世界、梦中的想望，大致构成了我童年的三原色。

母亲，是我们坚实的大地和温暖的港湾。记忆中的母亲，总是忙前忙后，忙上忙下，几个人的田地，她是家中平时唯一的劳动力，春种秋收，夏耘冬耕；一家人的三餐，她是灶前平凡的魔术师，普通食材也能化为我们口中的美味佳肴。无法用言语形容她的坚毅与勤劳，在农村的乡野里，一个女人独自带着两个孩子，农活的艰难繁重，时光的霜风苦雨，乡邻的闲言碎语……其中的压力可想而知，但她沉默而坚韧着，硬是撑过来了。

考上中师后，我的父亲便离开了人世。还记得，每次离开家时，母亲眼中的泪光；每次回到家时，母亲倚门的等候。母亲，成了我心灵的故乡，奠定了人生的底色。

当年中师毕业时，我给导师说我要回到母亲身边，于是我来到离我母亲最近的乡镇初中。我最喜欢乡镇初中的位置，在一个小山坡上，离镇上还有二十多分钟的路程，放学后很安静，只剩下风儿在蓝天下轻盈地穿梭，只听见空中鸟儿的啁啾，远远望去，山坡下农田一层层地因势而成，绿浪起伏。

每天，一墙之隔的农家人日出而作，日落而息。我和几个同时出来的年轻人，早晨带领学生跑步，下午打着篮球，晚上则在单身宿舍里就着昏黄如豆的灯光，备课、批改作业，看书、画画、弹吉他，周而复始。这里，没有城镇的繁华的烦忧，也没有赶场的喧嚣和麻将的沸腾，于我而言，不亦乐乎。

每次回家，母亲问我的第一件事总是你教得怎样，学生考得怎样，要对得起每一个娃娃，对得起每一个家庭。我在返校的时候，她也总会说："干一行，爱一行，行行出状元。"每天，我总是第一个到教室，最后一个离开教室，学生那稚嫩的脸庞，那憧憬的眼神，那无邪的微笑……总是会让我在疲惫和懈怠时，激励我、鞭策我。

> 假如你命该扫街
>
> 就扫得有模有样
>
> 一如米开朗琪罗在画画
>
> 一如莎士比亚在写诗
>
> 一如贝多芬在作曲

这首诗，我抄写着，背诵着，感动着。看着墙外的庄稼郁郁葱葱，我开心；看着教室内的孩子求知若渴，我兴奋。我总是加倍地努力着，想给他们最好的帮助和教育，让他们能够实现梦想。

呼伦贝尔草原上芳草如茵，群羊如云，而逶迤的苇丛顺着曲折的河岸一咏三叹，起伏成浪，葳蕤生花，扶云望月，让人震撼。"蒹葭苍苍，白露为霜；所谓伊人，在水一方……"我想做一棵芦苇，朴素而摇曳，简单又缠绵。

在教书之余，我用两年时间自考专科，用三年时间自考本科，刷新了当地教师自考的最快时间。阅读，开始是为了拿文凭，后来发现这些对教学也非常有帮助，我的课堂深受学生欢迎，教学得到同行赞许，成绩也名列前茅。"阅读，是为了活着"，我越来越感受到法国作家福楼拜这句话的重量。

后来调到国家级示范校棠湖中学，让我走出教学的瓶颈和人生的低谷的仍然是阅读。这期间，我的网名为"荷戟战士"，取自鲁迅《题〈彷徨〉》一诗："寂寞新文苑，平安旧战场。两间余一卒，荷戟独彷徨。"阵痛、彷徨，战斗、笃行，让人进步，让人成熟，让人专注。

阅读在左，表达在右。要拒绝工作中的茫无头绪、忙无成效和忙无趣味，就要进行写作，更好地转化阅读成果。我的体会是：坚持一定的写作锻炼，你的见解能免于平庸，你的立意能超越低窄，你的思路会脱离混乱，你的表达会避免啰唆。

"孤单，是一个人的狂欢；狂欢，是一群人的孤单……"阿桑忧郁的歌声时常萦绕耳畔。阅读、写作，或许会带给你孤单，但恰是一个人成长的关键。后来，我的阅读更加广泛，读文学，读历史，读哲学，读教育……曹文轩说过："人是追求精神享受并获得人生愉悦的动物，而这种动物需要修炼，修炼的方式便是阅读，读书是人的一种生活方式，也是人最美的姿态。"可惜，现在这种最美的姿态，很多时候被手机替代，被娱乐取缔，被应试消灭。

"仁者不忧，智者不惑"，我想，我不是仁者，亦不是智者，"人生不满百，常怀千岁忧"，我只想做一棵芦苇，汲取乡野大地与河流母亲的乳汁，开出白净的花，映照着蔚蓝的天，以群体的站立和素颜的飘溢，成为儿童的乐园、飞鸟的天堂，发出生命的欢响。

我曾在《何妨吟啸且徐行》一文中写道："板凳须坐十年冷，

从教岂为稻粱谋。探索语文教育的道路上，不论风云变迁，痴心已付教育。我愿做一只小小的蜗牛，蜗行摸索，至老不休。"我想，这就是一个农村孩子的真实心声。

我是农民的儿子，我经常说我的身上有两股气——泥土气和书香气。但我知道，我无论走到哪里，我将永远扎根于泥土的深处，做一棵会思考的芦苇。于漪老师所言"一辈子教书，一辈子学教书"，深以为然。

第二节 阅读，让师生冬日"进补"

"余幼时即嗜学。家贫，无从致书以观，每假借于藏书之家，手自笔录，计日以还。天大寒，砚冰坚，手指不可屈伸，弗之怠。录毕，走送之，不敢稍逾约。以是人多以书假余，余因得遍观群书。"（《送东阳马生序》）

我知道，冬日读书，我不是孤独的。范仲淹在苦寒的岁月里，待稀粥冻成冰块后，划粥断齑，以此充饥，勤奋苦学。少年鲁迅，在江南水师学堂读书特别用功，他曾将学校奖给他的一枚金质奖章拿到街头卖掉，然后买了几本书和一串红辣椒，每当夜读寒冷难耐，他便嚼红辣椒驱寒坚持读书。

于漪先生说：阅读文学作品就是获得"一种文学的生活，一种诗性的智慧"，深以为然。

或许，读书是可以抵御寒冷的，它可以守护内心深处的温度。或许，爱读书的人，本身就成了一束光，能在黑暗和寒冷的时候，照亮并温暖自己和他人。

"大雪"已过一周，再有一周，就是"冬至"。

记忆里的"冬至"，母亲最喜欢做一件事，就是待我们兄妹读书回家，杀一只鸡，买来当归、黄芪、党参、枸杞和红枣，如果能再有一点天麻，那就是饕餮盛宴。在寒冷而饥饿的冬日，对于两个星期才能吃一回肉的我们而言，那沸腾的滚汤、喷香的滋味、浑身的舒畅，至今还记忆犹新。

母亲常说，冬至补一补，来年无病痛。我成家后，每到冬至，就有了这个"保留节目"，仍然由母亲一一操办。在这个时候，我会发现她苍老的脸上仿佛有了红润的光彩，浑浊的眸子里有了青春的记忆。

只是她唯一的孙儿，已不像当年我们那样，有着千般憧憬、万般渴望，他只是吃着。"现在条件好了，还有什么值得稀罕的呢？"母亲喃喃自语道。

马上又到冬至，除了鸡汤，我又该怎样传递"冬至进补"这一课呢？

小时候，父亲长年在外地工作，只有年底才回家一次。特别期待的是他带回来的连环画和各类图书。于是，在寒冷的冬日，我和妹妹常常瑟缩着双手，却又如饥似渴地读着这些书。追根溯源，这应该是我小时候双手老爱长冻疮的原因吧。然而，对父亲远方的想象，对书籍的热爱，也大概是这个时候建立起来的。

后来，又经过了无数个寒冷的冬日。记得一个冬天，我阅读雨果的《悲惨世界》和《巴黎圣母院》，外面天寒地冻，书中的世界也是凄凉冰冷，然而冉阿让和卡西莫多却像两束火焰一样温暖着我，让我感受着春之气息，暖风扑面。

我是一个金庸谜，"飞雪连天射白鹿，笑书神侠倚碧鸳"，这些书籍不知陪伴了我多少个寒冷的冬夜。它曾是我少年的梦想，青年的热血……重新翻开《神雕侠侣》，在文末处依然听到了杨过的声音："听得杨过朗声说道：'今番良晤，豪兴不浅，他日江湖相逢，再当杯酒言欢。咱们就此别过。'说着袍袖一拂，携着小龙女之手，与神雕并肩下山。"金庸的"江湖"，永远不会逝去。

从书桌到书橱，再到今天的独立书房，买书、放书都不是问题，问题是还有没有当初冬日读书的激情与梦想。

阅读冯友兰的《中国哲学简史》和曾仕强的《易经的智慧》，这个冬天特别厚实，像穿在身上的棉袄一样，行动不便。《中国哲学简史》硬是读了三遍，有了点融会贯通的感觉；可怜好几本厚厚的《易经的智慧》，到现在还没有啃完。

阅读西方教育的"三大圣经"——《理想国》《爱弥尔》《民主主义与教育》，这个冬天特别凝重也特别光亮。教育的思想从古至今，熠熠闪光，穿越了无穷黑暗的丛林和幽深的沼泽，震烁着执迷不悟的应试怪圈和分数迷途。

"没有谁是一座孤岛，每本书都是一个世界。"加布瑞埃拉·泽文的《岛上书店》扉页上的这句话，给我留下了深刻印象。这个冬天，很温暖。有了空调，有了分类的书柜，真好！一书一世界，一页一菩提，可以慢嗅书籍的芬芳，享受阅读的大餐。

这些年来，我一直在思索：如何更好地阅读一本书？

莫提默·J.艾德勒和查尔斯·范多伦的《如何阅读一本书》在这个时候出现了。我如饥似渴地捧读，为书中的见解沉醉，为呈现的方法喝彩。勾画与批注，重现于书中的字里行间。

阅读，应该分清阅读的目的。阅读分为四个层次，分别是基础阅读、检视阅读、分析阅读和主题阅读。基础阅读就是初级阅读，能够识字就会进行基础阅读；检视阅读是有系统的略读和粗浅阅读，可以为分析阅读做准备；分析阅读是追求有理解的完整阅读，是如何阅读一本书的关键；主题阅读是围绕主题做比较阅读，是最复杂、最系统化的阅读，这是阅读的最高境界。

做一个主动的阅读者。大多数人都习惯于没有主动的阅读。没有主动的阅读或是毫无要求的阅读，最大的问题就在读者对字句毫不用心，结果自然无法跟作者形成共识了。被动阅读的弊端：从外显来看，被迫，不喜欢书本；从内隐分析，浮浅，不关心字句。这样的人读书，浮光掠影、只懂皮毛；这样的读书人，或许读了书，却没有书香味。

做一个思考的阅读者。你必须读出言外之意，才会有更大的收获。怎样才能读出言外之意？要学会思考。孔子曾经说过："学而不思则罔，思而不学则殆。"如果读完一本书提不出一个问题来，就不可能期望一本书能带给我们一些原本就没有的视野和经验。经验丰富的人读书用两只眼睛，一只眼睛看到纸面上的话，另一只眼睛看到纸的背面。这也就是说，在读书过程中，要不断思考，不断地链接自己的人生经验，不断地建构新的认知体系。杨绛先生说过这样一句话："年轻的时候以为不读书不足以了解人生，直到后来才发现如果不了解人生，是读不懂书的。"我深以为然。阅读时，不仅要做结构笔记，更要做概念笔记和辩证笔记。因为前者是在梳理文章结构和信息，后两者是在理解和超越书中的观点和信息，这就是一个思考的阅读者所做的笔记。

做一个智慧的阅读者。要避免这样的错误——以为读得多就是读得好的错误——我们必须要区分出各种不同的阅读形态。不同读物有不同的阅读方法，更重要的是要能够慧眼识珠，哪些书值得读，哪些书值得精读，这些问题都需要人生的阅历和智慧的积淀。正如培根说过："有些书可以浅尝辄止，有些书是要生吞活剥，只有少数的书是要咀嚼与消化的。"如果一本只需要略读的书，却用很慢的速度精读，那就是在浪费时间和浪费生命。

好书不厌百回读，常读常有新体会。怀特海在《教育的目的》一书中指出，人生的成长需要经历"浪漫、精确和综合"三个阶段。小学生大体上是基础阅读和检视阅读，自由而浪漫；中学生大体上是检视阅读和分析阅读，定向而精确；大学生大体上是分析阅读和主题阅读，自主而综合。

这个初冬，和学生一起阅读《草房子》。反复阅读曹文轩在获国际安徒生奖时的发言《文学：另一种造屋》，又读他两本小说《青铜葵花》和《蜻蜓眼》，它们和《草房子》连在一起跨越了三十年，代表了作家对小说的一致追求。为了引领学生读好小说，我又读了 E. M. 福斯特的《小说面面观》、毕飞宇的《小说课》和曹文轩的《小说门》。记不得这是第几次读《草房子》了，翻开第一页，"秋天的白云，温柔如絮，悠悠远去；梧桐的枯叶，正在秋风里忽闪忽闪地飘落"，由此，展开了一个个注满苦难却无限美好的画面。这里面，来自生命的"凝视"和来源于情义的"美感"，一直冲撞着我的视野，荡涤着我的灵魂。

阅读，是语文教师一生的行走方式。2016 年 2 月 7 日，正是农历新年，我写下小诗《新年抒怀》：

> 银花纵苍穹，城郭展霓虹。
>
> 帆张凌云志，笔洒浩然风。
>
> 史册旧章过，凭栏思绪冲。
>
> 举觞弄长卷，布道育蒙童。

正是阅读，让我豁然明朗。原来，读书就是冬日最好的"进补"。阅读一本好书，就是享受冬日里的阳光，就是品尝冬日里的大餐。

第三节　阅读，让教学蹚过"高原期"

高原反应，主要是缺氧。

近来，比较喜欢阅读哲学类书籍。《大问题：简明哲学导论》中有很多经典名句，如"哲学与智慧规定了我们在宇宙中的位置，赋予了我们的生活以意义"，又如"完整的自我并非单个的人，而是（相爱的）人的集合"等。

哲学的基本问题是关于生命、自然、宇宙、智慧等大问题，但哲学没办法告诉你这些问题的答案，它只是为你指明了找到答案的路径。一切困惑着你的问题也困惑着其他人，如柏拉图、亚里士多德、尼采等，但是他们的答案仍不是终极答案。哲学都是艰苦的思索，想象是它的伴侣而不是替代品。

在教育之路上，我们需要不时地回望，不断地叩问：教育的真正目的是什么？《小王子》中的一句话："看东西只有用心才能看得清楚，重要的东西用眼睛是看不见的。"现实中，各种因素导致我们视而不见或见而不明，所以，要用"心"去教育。如何找寻自己的教育"心"？我将在与学生的共读共生中找寻答案……

阅读，就是"高原期"的"氧"，愿你爱上她，深深地呼吸她！

带领一群孩子读书，是我最享受的教书时光。

教师，是"人类灵魂工程师"，自己的内心不丰盈，精神不饱满，如何引领人、教育人、塑造人？一个不读书的语文教师，他的课堂可能就只有"题海"而缺少"书山"。对鲜活的生命、对人类的未来而言，这都是不负责任。

常常说，作为语文老师要读书，三日不读书，身上便没有了"语文味"。我很幸运，作为语文老师，带领学生们读了一些书；作为工作室导师，带领工作室成员读了一些书；作为校长助理，要构建书香校园，忙里偷闲读了一些书。

阅读要广博立体。要给学生一碗水，自己不仅需要一桶水、一池水，更重要的是需要源源不断的"活水"。文学、历史、哲学，教育学、心理学、学科教学，都应当是我们案头的必读之书。只有如此，方能把握学科核心，积淀人文底蕴，丰富精神世界。这样的课堂，才能剑指"关键能力"，培养"必备品质"。

阅读要走进"大师"。读读《贝多芬传》《米开朗琪罗传》

《托尔斯泰传》，读读陶行知、张伯苓、叶圣陶、苏霍姆林斯基，学会发掘、阐释、融汇，感悟其治学历程、治学习惯、阅读趣味，感受其穿越时空的非凡远见、透彻洞见和独特创见，吸纳其深邃的教育思想和教学智慧。

"以书香润泽生命，用文字安顿灵魂"，是我读完周国平的《把心安顿好》一书后题写的感悟，后来成为工作室的文化灵魂。我很喜欢《把心安顿好》这样的哲学表述，在阅读时可以"以心契心"。老天给了每个人一条命，一颗心，把命照看好，把心安顿好，人生即是圆满。把命照看好，就是要保护生命的单纯，珍惜平凡生活。把心安顿好，就是要积累灵魂的财富，注重内在生活。

如何在"天下熙熙，皆为利来；天下攘攘，皆为利往"的尘世中"把心安顿好"？

人来到世上，首先是一个生命。生命，原本是单纯的，可是，人却活得越来越复杂了。许多时候，我们不是作为生命在活，而是作为欲望、野心、身份、称谓在活，不是为了生命在活，而是为了财富、权力、地位、名声在活。是啊，如果给单纯的生命附加太多的"意义"，生命本身就会变得没有意义；我经常说，小时候幸福是一件很简单的事情，现在才发现简单才是真正的幸福。

罗素在《哲学问题》中说道：哲学之应当学习并不在于它能对于所提出的问题提供任何确定的答案……在于通过哲学冥想中的宇宙之大，心灵会变得伟大起来，因而就能够和成其为至善的宇宙结合在一起。在教育之路上，我们需要不时地回望，不断地叩问：教育的目的是什么？是为了学生的高考，还是为了学校的荣誉，抑或为了教师的待遇……

我们又该怎样把教育的心安顿好？

回归生命教育的原点。教育的本质是什么？怀特海认为是

"激发和引导"，雅尔贝斯认为是"唤醒"。"以考试为本，以分数为真"的工具理性占主导地位支配下的教学，学生被当作"学习机器"或"考试机器"，教育被异化为应试。这里的回归，主要指向"以自主建构为本，以关键能力为基，以素养提升为真"。简言之，教育的核心是"人"，为人而育，为真而教。学生才是教育的主体，要唤醒学生，让学生学会学习，能够自主建构和自我成长。

回归儿童学习的原点。学生是儿童，儿童有其独特身心特征，儿童学习有其特有规律。联合国教科文组织在《反思教育：向"全球共同利益"的理念转变？》中指出：学习既是过程，也是这个过程的结果；既是手段，也是目的；既是个人努力，也是集体努力。学习是由环境决定的多方的现实存在。当前教育，过程比结论重要，参与比答案重要。要回归学习本身，基于建构主义理论和"学习金字塔"原理，拓展学习的渠道，变革学习的方式，提升学习的品质。

马云说，任何一次机遇的到来，都必将经历四个阶段：看不见、看不起、看不懂、来不及。作为教育人应当时刻反思自己的教学行为，去面对每一个鲜活的生命。

校园里的每一片树叶都是语文的，班级里的每一位孩子都是诗意的。我把音乐引进课堂，贝多芬说过："音乐是比一切智慧、一切哲学更高的启示。"我让电影走进教室，桑塔克说过："电影既是艺术，又是生活，是那样奇妙……"我成为学生心中喜欢的教师，十年前探索的很多方法，在今天看来仍然很有意义。海德格尔的话言犹在耳："人类的本质，就是诗意地栖息在大地上。"于是，初一让学生推荐诗词，我希望学生能诗意地享受学校学习。严羽在《沧浪诗话》中曾言："学其上，仅得其中。"于是，初二推荐名著。高尔基在《流水》中直陈："人的心灵是有翅膀的，会在梦中飞翔。"于是，初三我鼓励学生自由创作。让学生真实阅读，让课堂多样态阅读。

学生邹舜读大学后回来看我时回忆初中的语文学习时说：

刘老师的教学方法很独特，每周都要"不务正业"——好好的教材不认真地教，却要别出心裁地搞新书推荐、名著阅读、随笔点评；还要拿时间开展"快乐语文"活动……我开始也担心我们的成绩，后来，发现居然成绩不会差，关键的是，这样的语文课更有意思了。对我们有极深远的影响，这些活动让我真正地走进语文，喜欢上了语文。

在省、市、区三级，分别有以我的姓名命名的工作室，三个工作室都以"学习的乐园、研究的平台、成长的阶梯、辐射的中心"为宗旨，以阅读为抓手。我们认为，阅读对于提升语文教师的生命状态、生命气象、生命境界太重要了！教师不能"跪着教书"，要有丰盈的精神，要过一种完整而有尊严的语文人生。

工作室彭冯艳在总结中说道：

语文人，首先必须是热爱生活的人，这是师傅常常说的一句话。工作室的三年，既是学习充电的三年，也是诗意生活的开始。我们春赏花，夏登山，秋悟叶，冬观雪，有时静静坐下，沏一壶茶，揽一卷书，在氤氲的热气中看尽人事浮华，谈古今，畅诗词，聊语文，拉家常，任何一种形式，都让我们温暖。

与工作室成员在一起，就是与青春在一起，读书、写作、上课、评课，课题、改革，乐此不疲，乐以忘忧。研究群文阅读，徒弟在全国大赛中获得特等奖；在名著阅读板块，获得"人教杯"特等奖，徒弟在南京发言得到顾之川先生的高度评价；带领工作室参与温儒敏、王本华主编的八册名著阅读教师用书和学生用书的编写。

人们常说，读万卷书，行万里路。在我的经历中，最深刻的教育阅读，是芬兰教育考察。在考察中，系列文章见诸国内教育报纸杂志，初步形成了我的教育思想。我认为：对立统一和否定之否定规律，这是教师在教育中的哲学定位。在有所为处应尽力而为，教方法、育习惯；在不妄为时应绝对不为，细聆听，育人格；在不多为时当尽力不为，静等待，培素养。提高教育质量，不应当是冷冰冰的分，而应当是活生生的人。尊重生命，呵护生命，培育生命，这才是教育的真谛。

在这样的教育概念指导下，我主持多项学科科研课题。国家级课题"让语文教学回归本真的策略研究"的研究成果在《中国教育学刊》上发表。在"教什么"的路径分析上，要以"语言学用"为内容，以"言意共生"为境界；在"怎么教"的策略上，要体现以"立人"为境界的教育追求，以"活动"为载体的教学设计，以"生成"为特征的课堂实践；在建构"教得怎样"的反思中有三大指标——语文味浓、自主性高、品质感强。语文味浓，即让课堂教学聚焦于语言文字的学习与运用，围绕核心素养，搭建学习支架，这是回归本真的基石。自主性高，即让课堂教学着力于学生的主体性和生长性，善于创设情境，进行对话共生，这是回归本真的关键。品质感强，即让课堂教学指向"慢教育"和"可测量"，尊重学习规律，提升学习品质，这是回归本真的核心。概而言之，让语文教学回归本真，就是要让学生在"语言"方面和"心意"方面得到长足发展。语文课堂，应当成为生命与生命的真实对话，心灵与文本有效沟通的场所。语文教育，应当成为学生收获知识和精神的同构共生，享受生命拔节成长的快乐时空。

阅读和科研，不断地鲜明自己的教学风格，系统化自己的教学主张。福楼拜曾说："风格是思想的血液。"格林斯基认为："风格是思想的浮雕。"当然，教师不一定也不需要成为思想家，但应该是思想者。成熟的教学风格，在某种程度上可以彰显教师睿智的教学思想和鲜明的教学主张。它需要我们根植课堂，反思教学实践；强化诉求，观照教学行为；理性建构，生成教学主张。

如何找寻自己的教育"心"？在物欲横流的今天，要摆脱现实困境，要脱离教学"高原期"，唯一的方式就是阅读。龙应台说"文学使人看见"，在阅读中学会倾听，在阅读中学会看见，在阅读中学会思考……读书、读人、读己，达到"书养"，最终理解教育，发展自己，成就学生。

事实上，作为语文教师，首先应当看见自己的"心"，然后才能将教育真正安顿好。

深耕阅读，书香盈秀。一路走来，步履笃坚。

最后，以我写给今年毕业生的赠言作为全文的结尾，作为我的阅读宣言吧：

好少年，以书为羽，香远益清；好少年，以书为羽，勿忘初心。

或许有点稚嫩，有些青涩，但每一个人都不是一座孤岛，每一本书都是一个世界。每一个终身爱书的学子，都是最勇敢的战士。以书为羽，不负流光不负己。

请相信：风华正茂，宁静致远。

好少年，以梦为马，莫负韶华；好少年，以梦为马，奔走天涯。

或许曾迷茫踟蹰，茕茕彷徨，但每一个在青春里坚守梦想、全力拼搏的人，都是最勇敢的战士。以梦为马，不负芳华不负卿。

请相信：你若盛开，清风自来。

下 编

阅读教学的诗意行走

静候幽昙一瞬开，
娇颜展蕊袭人怀。
凭君笑成多情种，
半为伊人半如来。

全球教育改革迈向深水区，各国均重视阅读，PISA测试是重要的衡量指标，还有专门的国际阅读素养进展研究和阅读能力测试PIRLS，美国的NAEP阅读测评体系，等等。今日，阅读方式和阅读形态发生了翻天覆地的变化，阅读教学的理念与策略也随之而发生变化。

回归本真的阅读教学，从理论层面来看，有"四大回归策略、五条实践路径、三种审美标准"；从实践层面来看，部编教材"三位一体"的阅读教学体系，需以"五条实践路径"与"四类实践课型"加以实现，概括起来就是阅读教学八字策略："三位一体，五读四课。"

"四课"是实现"五读"的教学载体。所谓"四课"，意即在阅读教学实践中，根据不同的教学内容和教学目的而创生的四类阅读课型：教读课、自读课、课外阅读课和读写共生课。当然，这种分类不是基于逻辑的科学分类，而是基于教学的现实分类，在最后一类课型中，着力聚焦并彰显"语用"（读写结合课，不在本书涉及）。"四课"的价值追求是通过教读以还魂，自读以护根，课外阅读以壮行，读写结合以落地，"四读"共同建构着阅读教学的丰富形态，从接纳、理解、使用到深刻领悟和自主运用，以培育学生母语素养和言语智慧，如下图所示。

四类课型既目标明晰、各有侧重，又互相配合、相互融通，让阅读在课堂上真正发生，并切实有效地纠正和突破阅读教学千人一面而又重复低效的利弊，历经"愿阅读""能阅读""会阅读"过程，实现阅读赋能育人的目标。

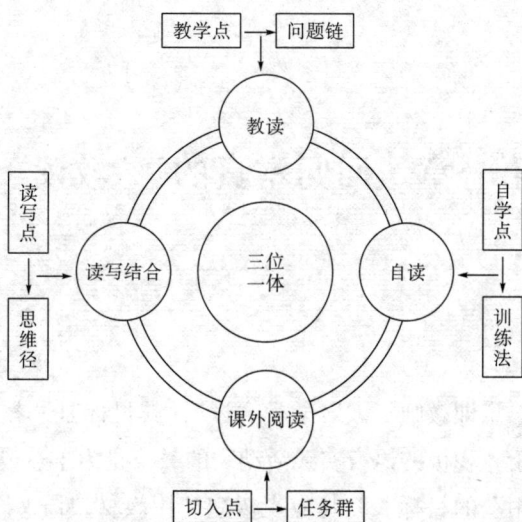

第一章　回归本真的 "教读"

教读，意即教师"教"学生"读"，其目标是"教"会学生"读"。基于"积极的语言实践活动"的教，是为了达成"学习语言文字运用"的目标。教师应当树立"用教材教语文"的意识，需要确定明晰的"教学点"，制定合宜的教学策略和安排合理的教学流程。在教读课中，可以通过教读结合、探究质疑、恰当示例等达成"适度精教"，杜绝学生"浅阅读"和"假阅读"，培养学科核心素养。

当然，"教是为了不教"。在教读课中，仍然需要适当放手，需要学生自读。这就要求教师灵活把握"教"与"学"的尺度，并在课堂教学中反复锤炼，让教师"教"为了学生"读"，让阅读教学成为一门令人沉醉的艺术。

第一节　意蕴涵泳类文本阅读

"文以载道，道以文显"，教材所选课文，大都文质兼美，根据文本特质和教学目标，我们可以大体上将文本分为"意蕴涵泳型"和"方法生成型"两大类。语文学习尤其是经典的学习，最关键的就是读书。"涵泳"是中国古人系统学习经史子集的重要读书方法,"涵泳"强调学习的过程,它的教学特点是"潜"。只有慢下来,学习者才能全身心投入、沉潜和流连,才能被文本的情调与气氛包围和熏染,从而浸润其中且变化气质。因此,重新认识并实践"涵泳"法,让学生真正地领悟文本的内存特质和意蕴,才能实现阅读的本真回归。

此中有真意,涵泳滋味长。"文以渗道",对学生进行思想启蒙、情感熏陶和人格培养,语文得天独厚;"道不离文",语文虽重视"道",但只能潜移默化,"文"才是它的本姓。在部编教材"立德树人"的总体目标下,意蕴涵泳类阅读教学"既教形式更重内容",其价值在于传承经典,是继承民族文化,树立国家情怀,培养学生正确的世界观、人生观和价值观的重要路径。其重要的教学意义,正如教育家赫尔巴特所说:"教育的起点在于个性,终点在于德性。"

我的教学主张

选择合宜的教学内容与教学策略[1]
——以意蕴涵泳类文本阅读教学为例谈"部编本"教材的使用

当前,阅读教学的最大弊端是指向于培养应试思维,学生被当作"学习机器"或"考试机器",没有进行真正的自主阅读。钱理群先生曾说过:捧起一篇小说,不是用自己的心去触摸它、去感受它,而是习惯性地执意去"概括",往往还是套用某种现成的公式去"概括"所谓的"主题",那么这种人已经与文学无缘了[2]。

---

[1] 该文发表于《中学语文教学参考》2017年第4期。

[2] 王荣生."阅读能力"与"阅读方法"[J]. 语文学习, 2006 (1):12-16.

意蕴涵泳类文本是经典的载体，其阅读教学，教师的着力点有三：一是学情的把握和与之相宜的"学"的活动的设计，二是教材内容的教学化和搭建学习的支架，三是教与学的评价和促进课堂的生长。

抛开动态的学情把握和课堂生成，先单说静态的教材研究。对于一线教师而言，深入理解"部编本"语文教材编写理念，充分领悟教材特点和意蕴，有意识地"用教材教"，并努力实现"教材内容教学化"，是当前语文教师阅读教学的必然选择。阅读教学，需要认真审视"教什么"与"如何教"的问题，科学而合理地选择教学内容与教学策略，对教材进行再度开发，以期达到更好的效果。

从课堂学习的角度来看，教材就是"学材"，是学生学习的重要依托和凭借。教材的本质属性与第一要素是"教学性"，教材首先必须回答"教（学）什么"，同时也应回答"怎样教（学）"的问题。当然，教材本身不等于教学内容，需要选择合宜的教学内容与教学策略，教材教学功能才能得以充分呈现。

一、注重逻辑：阅读教学体现编者意图

"部编本"语文教材在编排体系上有两大重要改进：一是采用"双线组织单元结构"，即按照"内容主题"（明线）和"语文素养"（暗线）组织单元；二是将"精读"改为"教读"，"略读"改为"自读"，并强化"课外阅读"。这样的改进和区分，是为了强化对语文素养提升的重视，也是为了改进日前阅读教学过分精读精讲的僵化状况，强调由教师引导开始向学生自主阅读转变，强调由课内向课外的延伸，改变现在读书普遍太少的状况。

在教学中如何体现编者意图？重点在于使用好教材中的"助学系统"。语文教科书内部结构所隐含的知识和能力线索要借助于范文系统、知识系统、作业系统、导学系统四个相互联系的系

统组织起全部教学内容①。编者意图，主要体现在两种不同类型助学系统的设计上。教读课文分别有"预习""注释""思考探究""积累拓展""读读写写""补白"栏目。其中"预习""思考探究"和"积累拓展"是对学生的阅读进行明确的方法导引，以便于把握重点，增强学习目的性。如"预习"兼有助读和作业双重功能，或激发阅读兴趣，或调动阅读期待，或与学生的阅读经验相勾连，或提供必要的背景知识，或提示必备的阅读方法等，目的在于引导、铺垫和激趣。

在进行阅读教学时，还应当注重阅读方法和阅读策略的配合。在七年级，阅读方法重点强调朗读、默读、精读和略读；在阅读策略方面，将重心放在一般阅读能力的养成上，如整体感知、理清思路、品味语句等，按照由难而易的学习逻辑，并与阅读方法适当配合。只有如此，才能科学而艺术地使用新教材，最大限度地发挥其编写价值。

二、明确起点：目标设计优先考虑学情

调查学生原有的知识基础和阅读能力，这是教学的起点和关键。美国心理学家奥苏伯尔提倡"有意义学习"，他在《教育心理学：认知观》中指出：如果我不得不把全部教育心理学还原为一条原理的话，我将会说，影响学习的唯一最重要的因素是学习者已经知道了什么。可以这样说，读懂学生，理解学生，是教师一生的功课。

如何明确起点？阅读教学要关注什么起点？学生阅读的兴趣，阅读的时间，阅读的方法，阅读的能力……它需要教师同时处理好两个问题：一是针对学情，明确需要教什么；二是创设情境，明确可以怎样教。根据陶行知的"教学做合一"的理论，

---

① 顾黄初，顾振彪. 语文课程与语文教材［M］. 北京：社会科学文献出版社，2001.

"教的法子要根据学的法子，学的法子要根据做的法子"①。教学的所有依据都应该源自学生的学习基础、学习动机、学习能力和学习习惯，根据学生的最近发展区来确定学习起点，这样的以学定教是教学成功的关键。"教得完整高效"，不如让学生"读得充分有效"。如何有效？我们要基于学习环境和学习者特征的分析后做出判断与取舍，追求课堂设计"简约而不简单"，实际上是追求课堂教学目标的聚焦，大胆取舍方能促进阅读，目标聚焦方能一课一得。

下面以本人刻录的统编教材教师用书《诫子书》教学实录为例，说明教学目标如何依据学情而定。要明确这是一篇"教读"课文，至少要分析三点：一是单元学习重点：学习默读，学习圈点勾画，理清作者思路。二是文本特点：言简意丰，内蕴深刻，有谆谆告诫之语，更有殷殷期盼之情。三是七年级上册的学生学习文言文的实际情况。虽然《诫子书》可教之点有很多：在诵读中积累实词、虚词，理解家训在当下的教育价值，理解本文背后的深层文化意蕴，品读关键词，理解静、志、学、才等的关系，理解先立论、再阐发、再正反论述的论说思路等。结合七年级学生的具体学情，有一定文言基础但文化基础不足的现状，我从中选择两个教学目标：一是朗读、背诵课文，读出短文的情感韵味；二是推敲关键字词，理解短文的思想精髓。此目标简约实用，在课堂教学中，可以科学而合宜地进行文言文的学习。

三、突出主体：教学过程利于自主建构

阅读教学，要从"教师中心"转化为"学习者中心"，从知识传授转化为知识建构，在阅读中帮助学生提高阅读能力，提升阅读素养。在以"学习者"为核心的课堂里，教师在阅读教学中的角色应该是鼓励者和支持者。教师要重新定位自己角色和工作的

---

① 方明. 陶行知教育名篇［M］. 北京：教育科学出版社，2005.

方式,注意四个要点:陪伴阅读、理解和倾听、趣味性、合作。

如何促进学生自主阅读?自主建构、互动对话、情境教学,在某种程度上效果极佳。从中国孔子到希腊三贤,从杜威到陶行知,无不体现着教学对话精神。教学对话是什么呢?教学对话是师生在特定情境中围绕学生学习需要所达成的旨在丰富知识、形成技能、启迪智慧、促进身心发展的语言融合,包括学生语言与文本语言的整合,学生语言与教师语言的融合①。我们认为,师生、生生对话是显性的对话,而在此基础上的思考并与文本、编者和自己的对话则是隐性对话。教师不能独霸课堂,要有"和而不同"的胸襟,要有"静待花开"的耐力,要有"产婆助产"的艺术。唯有如此,才能让学生在阅读中形成阅读能力。

四、搭建支架:课堂形式侧重反复涵泳

阅读教学,非注重朗读不可。读准了字音和节奏,读顺了平仄和起伏,读明了语气和语调,读懂了作者与自己,其他问题就迎刃而解了。教学活动要以"读"为核心:悦读、品读、悟读,就是师生一起读书。只有读书,才能让学生真正地亲近语言,理解语言,并学会表达。特别是在文言文的教学中,要将"读"进行到底:不读无以明其言,不读无以晓其意,不读无以通其理,不读无以悟其情。

甲骨文"悦",本义是"对话相投机而开心、喜乐"。在阅读教学中,"悦读"的关键是要努力构建体验式阅读课堂,阅读要义在于体验而不在于讲解,要让学生在阅读中与文本对话、与作者对话、与自己对话,鼓励学生体验和参与阅读,通过师生共读以促进真正意义上的"悦读",在轻松活跃的气氛中阅读理解。还要让学生有选择的权利,如果两个学生阅读同一本书,自己选

---

① 张曙光,张莉华. 走向语言融合的教学对话 [J]. 中国教育学刊,2016
(3):68-71.

择阅读这本书的人，会读得津津有味，而当作业来完成的人则会敷衍了事。事实证明，培养学生阅读的内驱力和良好的阅读情绪，能激发多重阅读动机。所以，师生在阅读时不要太功利化，要以培养兴趣、提升性情为前提，美国教育家吉姆·特利里斯指出：如果你能引导学生迷上读书，那么你所影响的不仅是自己学生的未来，而且直接影响着整个下一代学生的未来。

甲骨文"品"，本义是"一小口一小口地啜吃，慢慢地辨别滋味，享受食物"。有人认为阅读如蚕，虽慢却从不停息，自然可吐出最美蚕丝。在阅读教学中，一是要相信学生的力量，"相信"是一种人格力量和不竭源泉，教师要学会做一个耐心的倾听者，要相信阅读能带给学生极大的效能。远离封闭呆板的"填鸭式教学"，就能激发学生走进文本，亲近阅读。二是要披文入情，咀嚼涵泳，避免课堂节奏"一路匆匆"，学生阅读"浮光掠影"，要让课堂成为学生与语言文字亲密接触的课堂：或动情诵读，或静心默读，或圈点批注，或咬文嚼字；或比较还原，细读想象……

甲骨文"悟"，本义是"明心见性、发现自我"。从左到右可以理解为"心中的我或思考的我"，从右到左可以理解为"我的心或我的思考"。阅读教学充满了无限的挑战性，老师要充分预设孩子的各种可能性。即便如此，由于孩子的多样性和无穷的想象力，教师无法穷尽学生的问题，要能促使学生自主性、批判性阅读，才能使他成为"自己"。在教学中，能够真正地从"阅读现象"中产生问题，在"阅读对话"中聚焦主题，在"阅读过程"中完成探究。让学生在求知的过程中以自己的生活经验和生命活力去想象、品味、反刍蕴含于知识中的真的火种、善的信息、美的体能，以培养学生对幸福生活的敏感性和创造性①。否

---

① 朱文辉，靳玉乐. 教学功利化剖析与出路探讨［J］. 中国教育学刊，2015（12）：1-5.

则，教师直接给阅读答案，学生就会盲目接收，从而失去想象力，失去自我。

从悦读、品读到悟读，这就是意蕴涵泳类文本阅读教学回归本真的基本路径，通过这样的反复阅读，可以达成涵泳文本意蕴、培养语文能力之目标。

我的课堂小语：

如何让学生亲近文言，喜欢经典？席勒说："只有当人是完整意义上的人时，他才游戏；只有当人在游戏时，他才是完整意义上的人。"以游戏的理念进行设计，以"好玩"的心态观照自我，可以增强经典型文本的趣味性和生成性，这或许是学习经典的不二法门。

如何涵泳文本的意蕴？让学生喜欢文言，是课堂进入涵泳天地和意蕴品读的基本前提。自由朗诵，可以昌达其"文气"；恬吟密咏，可以摩玩其"文味"；沉潜往复，可以体悟其"文法"。涵泳是文言文培养语感的核心环节，当以生命为魂的时候，阅读就呈现出本真的状态；当忽略生命的时候，涵泳的意义很快就会消失。只有教师用自己的阅读感受激活学生的阅读感受，用自己的阅读体验激活学生的阅读体验，才可实现师生、生生与文本多重对话。

我的课堂实录

反复涵泳，让文言文学习蓬勃生命气象
——《虽有嘉肴》课堂实录

授课时间：2014 年 12 月 4 日　星期四
授课对象：夹关镇九年制学校七年级学生

情况说明：成都市"名师好课"送教"走进邛崃夹关"

课堂记录：四川双流棠湖中学实验学校　黄明丽

一、生活情境，化入新课

师：同学们，老师第一次到邛崃夹关，今天中午大家给我推荐什么美食？让刘老师也来做一个快乐的"吃货"。

生：（众笑）老腊肉、钵钵鸡、周鸭子、奶汤面……

师：你们说了这么多，可惜我一样都没吃过，我并不知道它们的美味。这可以用我们今天要学的文章中的哪一句话来表达呢？

生（齐）：虽有佳肴，弗食，不知其旨也。

师：（笑）喔！看来，大家预习得挺不错的哟！

（众生笑，露出自豪的表情）

师：今天，我们要共同学习一篇文章，领悟一个道理，明白它的好处。是一个什么道理呢？

（学生翻书，短暂沉默）

师：在没有学之前，我们不知道这个道理，又可以用文中的哪一句话来表达？

生（齐）：虽有至道，弗学，不知其善也。

师：（心中窃喜，顺势导入）是啊，同学们，正所谓：吃然后知味美，学然后知不足。今天，让我们一起来学习《虽有嘉肴》，感受其美，品味其味，陶醉其意，好好地"玩"一回。

（生齐读课文）

PPT 正音：

嘉肴（yáo）　　　　自强（qiǎng）　　　　兑命（yuè）

学学半（xiào）　　　教学相长（zhǎng）

二、古文还原，挑战句读

师：刚才大家朗读不错，字正腔圆，但这不够好玩，想不想挑战一下自己？

生：（意气风发）想！

师：看屏幕，老师变魔术（屏显出示无句读文言文）。看看，有何区别？

生：没有标点符号。

师：古文无标点，这就是最早的文言版本。请你们想一想，该如何停顿？

生：（思考）老师，我发现其中的语气词可以停顿。

师：愿闻其详。

生：文中有五处"也"字，可以停顿（生读），文末还有一处"乎"字。

师：这是一个重大的发现，你有一双慧眼。你发现了规律：语气词可以作为句末的停顿。本文短短70个字，文中却有五处"也"字。来，大家读一读。

（生齐读课文）

师：文中有五处"也"字，回环复沓之韵，读来意蕴悠长。大的停顿，可以寻找结构停顿。小的停顿，又可以怎样找呢？

生：老师，"虽有嘉肴弗食不知其旨也"可以停顿为"虽有嘉肴，弗食，不知其旨也"。

师：理由何在？

生：理解句子后，觉得可以这样划分。"即使有美味佳肴，如果不去品尝，就不知道它的味道鲜美。"（停顿片刻）我发现一组关联词"即使、如果、就"。

师：太棒了！你有两大优点，一是能够在理解的基础上划分意义停顿，二是能不断发现新的规律。在主谓之间、动宾之间、关联词之后可以停顿，这样句间停断抑扬，读来节奏分明。

生：（兴奋地）我也发现了新的规律，它们在很多时候前后都是对称的。前面这样停顿"虽有佳肴，弗食，不知其旨也"，

119

后面就可以停顿为"虽有至道，弗学，不知其善也"。这句话前面这样停顿"知不足，然后能自反也"，后面就可以停顿为"知困，然后能自强也"。

（听课师生掌声）

师：这是一个高明的发现。古人说理有意识地运用对称句，使句子整齐而显示对称美，可以使论证极为凝练简约而富有气势。

生：我的发现是"曰"字，它是"说"的意思，所以它的后面需要停顿。"故曰：教学相长也。《兑命》曰：'学学半。'"

（听课师生掌声）

师：这是一个智慧的发现。来，请翻开书，大家对照课文，结合刚才自己的发现，读慢一点，句读清晰，节奏分明。

（生摇头晃脑地齐读课文）

师：请大家结合书上的注释，译读课文。

（学生翻译，教师抽查"兑、虽、旨、困、学学半"等字词并当堂巩固）

三、起承转合，梳理文脉

师：本文论述了一个什么道理？

生（齐）：教学相长。

师：作者是如何说理的呢？

（学生思考、沉默）

师：大家认真观察、思考就会发现：本文的说理思路也挺好玩的。

生：（迫不及待）真的，怎么个好玩法？

师：（笑）好，不急。我们先来"玩一玩"这四个字：起承转合（板书）。

师："起承转合"是我国传统诗文写作结构章法的术语。"起"是开端，文章起头；"承"，是承接上文加以申述；"转"是

120

转折，从另一个角度分析或深入论述；"合"者，合也，是综合，是结尾。

师：古人最讲究章法结构，所谓"文似看山不喜平"，文章结构应当一波三折，跌宕起伏。古诗尤甚，先来看一首小诗《红豆》。（PPT 出示《红豆》一诗，全班齐读）

师：读出味道没有？发现"好玩"的没有？

生：（思考）我发现每一句诗一层意思，每一层意思都不同。

师：好，有趣的发现。请诸君结合这四个字具体谈谈，好吗？

生：（摇头晃脑）红豆生南国，这是"起"；春来发几枝，这是"承"；愿君多采撷，这是"转"；此物最相思，这是"合"。

（听课教师、学生掌声、笑声）

师：好！我也来说说。昨天夜宿邛崃，今晨来到夹关。走进初一课堂，期待上课好玩。这是我昨天到今天的经历和想法，各位"元芳"怎么看？

（师生大笑）

生：（直接从座位上站起来）老师，我来说。"昨天夜宿邛崃"是"起"，"今晨来到夹关"是"承"，"走进初一课堂"是"转"，"期待上课好玩"是"合"。

（听课教师、学生掌声）

师："起承转合"用之于写作，要思考如何起得醒目新巧，承得顺畅丰满，转得引人入胜，合得耐人寻味。文章千变万化，要因人、因文而异。本文的说理过程亦如是：讲究"起承转合"，讲究摇曳多姿。请试着分析。

（小组讨论，师巡视，并参与讨论）

生：我们组认为，本文短短 70 个字，说理过程讲究"起承转合"。开头以"虽有嘉肴"进行类比，引出"虽有至道"，这是"起"；接下来承接上文，"是故学然后知不足，教然后知困"。然后一转，"知不足，然后能自反也；知困，然后能自强也"。最后，得出结论"教学相长"，还引用《兑命》来证明，这是"合"。

（听课教师、学生掌声）

（板书：类比引入、层层推进、得出结论、引用补证；学生笔记）

四、比较词句，品味语言

师：这都没有难住大家。看来，刘老师要出狠招了。

屏幕出示：

1. 虽有佳肴，弗食，不知其旨也；虽有至道，弗学，不知其善也。

2. 虽有佳肴，不食，不知其旨也；虽有至道，不学，不知其善也。

师：老师查过字典，"弗"与"不"同义，既然如此，句1可以改为句2吗？

生：（思考、朗读）句2意思差不多，但读来不顺畅，感觉不舒服。

师：如何不顺畅、不舒服？请男女生分读，体会体会。

（男生读句1，女生读句2）

生：句1使用"弗""不"，而不是使用同一个词"不"，可以使文章不显得死板，有变化。

师：好。古人讲究遣词造句。换一词，可使语言变化生彩，行文摇曳生姿。

师：请继续挑战。

屏幕出示：

1. 是故学然后知不足，教然后知困。知不足，然后能自反也；知困，然后能自强也。

2. 是故学然后知不足，知不足，然后能自反也。教然后知困，知困，然后能自强也。

生：（思考状）原句对举说事，有对称的美感。

生：原句分开说，更有层次感，让说理更加清晰。

师：对。这就是“花开两朵，各表一枝”的手法，具有“分开表述，反复强调”的效果。

五、说文解字，感受文化

师：我要拿出我的“撒手锏”，请大家猜一猜，这是什么字？

（生好奇，瞪大眼睛看我板书：“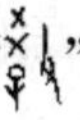”“”）

师：（得意）不知道了吧！嘿嘿！

生：我来猜一猜，第二个字应该是“学”字，第一个字……

生：（急不可待）我知道了！应该是“教”字。

师：哇！真厉害，你怎么知道的？

生：我猜的。本文的观点是“教学相长”，第二个字是“学”，我猜第一个字应当是“教”。

（听课教师、学生掌声）

师：这也是一种智慧。大家看看这个“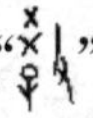”，像什么呢？

生：左边下面应该是一个小孩子，上面不知道是什么；右边好像一个人，手里拿着一根棍子。

师：这是一个会意字，体现了我们老祖先在造字时的智慧。甲骨文的“教”，左边一个“子”表示儿童，右边像一个大人手持教鞭，在督促孩子学习。那么，“子”上的两个叉代表什么呢？有两种说法，请君选择。其一，代表算术的筹策，也就是小孩子算术时用的小木棍；或者是代表文化的“爻”字。其二，代表被“教鞭”抽打的象征符号，因为小孩子学习不认真，记认不清，就处罚处罚。你们愿意选择哪一个解释？

生（齐）：第一个。

（听课教师、学生大笑）

师：是啊！字词有生命，品读知冷暖。我们今天的生活是幸福的，在这样的氛围中学习是快乐的。同学们，今天这节课，你们收获了什么？

生：老师，我觉得这节课很有趣。

生：老师，学习文言文真好玩。下次，您还给我们上文言文！

（听课教师、学生掌声）

生：我知道了"教学相长"的道理，学习文言文还要多读，多思，多想。

师：是啊！孩子们，你们从老师身上学到了知识，收获了成长，我更从你们身上获得了灵感，收获了情感。"教学相长"，真好！

（听课教师、学生掌声）

师：有人说，读书的妙处之一是在于"把薄书读厚"。来，再读一则。

玉不琢，不成器；人不学，不知道。是故古之王者建国君民，教学为先。《兑命》曰："念终始典于学"。其此之谓乎！

（生齐读）

生：老师，我知道"玉不琢，不成器；人不学，不知道"，这一则和我们学习的《虽有嘉肴》在语言、内容上有很多的相似之处。

师：是啊，它们同出自《学记》，而《学记》选自《礼记》。课后，我们可以读读只有两千多字的《学记》，其中有很多经典，至今还深深地影响着我们每一个中国人。

师：让我们一起背诵《虽有嘉肴》。

（师生同诵《虽有嘉肴》）

我的好友点评

文言教学不能总是板着脸孔

点评：徐杰[①]

《虽有嘉肴》，仅有 70 个字，但就是这样一篇短文，刘勇老师没有"死于章句，废于清议"，而是在课堂上注重涵泳的开花结果，呈现出纵横捭阖、妙趣横生的教学意蕴。

一、外趣：童心让课堂趣味纷呈

刘老师在课堂上是如何体现"趣"的呢？

1. 教学语言富有童趣

这篇课例，在刘勇老师的撩拨之下，教学语言因切近学生而变得有趣。在"创设情境"导入部分，请看刘老师的第一句问话："今天中午大家给我推荐什么美食？让刘老师也来做一个快乐的'吃货'。"其中的"吃货"明显带有童心，正因为如此，孩子们"笑"的神态和"老腊肉、钵钵鸡、周鸭子、奶汤面……"的回答也充满了童趣。

同样，刘老师让自己蹲下来，把成人化的语言进行变形，也颇有童趣，比如"刚才大家朗读不错，字正腔圆，但这不够好玩，想不想挑战一下自己？""看屏幕，老师变魔术""大家认真观察、思考，你会发现：本文的说理思路也挺好玩的""这都没有难住大家。看来，刘老师要出狠招了""我要拿出我的'撒手锏'"。这些句子中的"好玩""魔术""狠招""撒手锏"，无不体现出教者的童心童趣，从而拉近了与孩子们的距离，也激发了孩子们探索文章魅力的勇气与信心。

---

① 江苏省特级教师，"精致语文"创立者。

2. 教学过程蕴含情趣

整堂课由四大板块组成，每一板块的切入点均呈现出不同的样式，"挑战句读"板块，其手法是变魔术，即显示无句读的文言文；"梳理文脉"板块，其手法"玩一玩"，即传统诗文写作"起承转合"的结构章法；在"品味词句"板块，用了"狠招"，将比较思维化入了课堂；在"感悟文化"板块，用了"杀手锏"，即体悟甲骨文的猜字游戏。因四个板块的手法不一，学生呈现出来的情趣百态，异曲而同工。比如掌声、笑声的神态，比如摇头晃脑的动作，比如急不可待的表情，等等，其味道之浓烈，程度之热烈，俯拾皆是。

在反复涵泳的过程中，适时巧妙的点评，使得课堂的情趣感分外浓郁。

在"挑战句读"这一环节中，三处点评很有味道，充满了情趣：第一处，当学生说出"文中有五处'也'字，可以停顿，文末还有一处'乎'字"，老师进行适时评价"这是一个重大的发现，你有一双慧眼"；第二处是"这是一个高明的发现"；第三处"这是一个智慧的发现"。这三处对学生回答问题的积极评价，营造了一种融洽的氛围，拉近了师生的距离，在这种情感的驱动下，更切合了学生探索文本的好奇心，激发了积极探索的动力，而给予学生适当的稍微抬高式的评价语，既体现了教者对学生的人文情怀，更让课堂涌现一种浓浓的趣味。

3. "文""言"共生显现雅趣

文言文教学，文言之雅，必须体现在语言学习的过程中。

刘老师是这样做的：

在第二板块"梳理文脉"中，他为了将"起承转合"讲透，于是举了王维的《红豆》诗进行佐证和事例，呈现出文学之雅趣。

在第三板块"品味词句"中，刘老师屏显：

1. 是故学然后知不足，教然后知困。知不足，然后能自反也；知困，然后能自强也。

2. 是故学然后知不足，知不足，然后能自反也。教然后知困，知困，然后能自强也。

且看学生的回答："原句对举说事，有对称的美感。""原句分开说，更有层次感，让说理更加清晰。"两个学生精妙的回答让大家欣喜不已，显现对称层次之雅趣。

在第四板块"感受文化"环节，对繁写的"教"与"学"两个字进行"猜"的环节和讲解的环节。"猜"是阅读文言文的重要能力之一，它能给阅读带来新鲜感和发现的乐趣，给学生的思维活动提供广阔的天地。"猜"是一种乐趣，而讲解的过程也是一种乐趣，这充分体现了文字解析之雅趣。

在课堂的末尾，穿插了两段文字，且看第一则材料：

玉不琢，不成器；人不学，不知道。是故古之王者建国君民，教学为先。《兑命》曰："念终始典于学。"其此之谓乎！

这则材料，介绍了《礼记》的另一篇美文，拓展了文本的广度与宽度，这就打通了已知与未知，用材料引进的方式"催生"新的学习内容，不显生涩，饶有趣味。

我以为，这又是一篇"呈趣于外、现真于内；呈趣于里、现美于里"的美妙之作。

二、内趣：会读让善教举重若轻

上述的"三趣"，仅仅是外在"趣"的表现，但是当我们静下心来，去触摸其内在的核心之时，俨然发现他的别出心裁：他将短小的教材内容"变"得有趣，并在这种有趣中进行语言教学、思维训练与情致熏陶，这种"内在"的趣既能体现教师巧读课文的水平，又能体现老师教学设计的技艺。

刘老师课堂的内趣又表现在哪些方面呢？

1. 巧用类比法，体现智趣

在"创设情境"之时，刘老师用的两个问句很有意思：第一句"你们说了这么多，可惜我一样都没吃过，我并不知道它们的美味。这可以用我们今天要学的文章中的哪一句话来表达呢"，第二句"在没有学之前，我们不知道这个道理，又可以用文中的哪一句话来表达"。他通过类比这一巧妙的手法把生活与文本拉近，将生活与文本相融，令生活的真与文本的真相对应。

在"梳理文脉"这一环节，他同样用了类比的方法，体现了教者的智趣。为了对文本进行梳理，教者由《红豆》的起承转合，立马引出了贴近生活的实例，当老师提出："这是我昨天到今天的经历和想法，各位'元芳'怎么看？"学生直接从座位上站起来，进行回答："'昨天夜宿邛崃'是'起'，'今晨来到夹关'是'承'，'走进初一课堂'是'转'，'期待上课好玩'是'合'。"当听课老师与学生的掌声响起之时，智趣已然出现了。而后面对文本的解读也自然而然水到渠成了：我们组认为，本文短短70个字，说理过程讲究"起承转合"。开头以"虽有嘉肴"进行类比，引出"虽有至道"，这是"起"；接下来承接上文，"是故学然后知不足，教然后知困"。然后一转，"知不足，然后能自反也；知困，然后能自强也"。最后，得出结论"教学相长"，还引用《兑命》来证明，这是"合"。这样的结果难道不是老师智慧的表现吗？

2. 妙用美点法，感悟理趣

课堂上处处呈现美点，而这些美点的支撑在于"理"，在于课堂上思维的流淌与碰撞。

（1）趣在节奏之美。

对课文材料进行变形。在"挑战句读，划分节奏"环节，将原来的文章去掉句读后，对文章进行理解，开展了节奏停顿之旅。断句标点乍看是小事一桩，实则是一件技术含量很高的工作。断句标点恰当与否，可见一个人文言语感素养的高低。叶圣陶和朱自清先生就曾设想过，国文教本要有两种本子：一是部分段落，不加标点的，供学生预习用；一种是分段落，加标点的，待预习过后才拿出来对勘。要准确断句和标点，就要推求字义，就要梳理文段的脉络，就要感知文章的旨意。断句，既指向"言"，也指向"文"，是文言语感的综合训练。而刘老师呈现的这种变，是一种高质量的阅读实践活动，他激发了学生兴趣，牵动着同学们深层次地进入课文，方法性的知识已化入学生的语感中，看似在研究句读，实则在"言"与"文"之间已穿梭了若干个来回，从而让学生用心感受课文的节奏美。

（2）趣在结构之美。

从整堂课的设计来看，从浅层次的"挑战句读"到"梳理文脉"，从"比较语言"再到"感悟文化"，即从标点到构思，从语言到文化，这四个板块不是孤立存在的，而是有机的整合，也可以说是板块与板块之间的碰撞。让几个板块之间浑然一体，这不仅形成了一种综合的审美效应，也使课堂教学呈现出异彩纷呈的局面。同时四个板块层层深入，步步为营，从刘老师的板书设计可见一斑，呈现一种内在的层进之美。

在"梳理文脉"这个环节，用"起承转合"这个我们传统世文写作结构的章法术语对文脉进行梳理。是啊，"起"是开端，文章起头；"承"，是承接上文加以申述；"转"是转折，从另一个角度分析或深入论述；"合"者，合也，是综合，是结尾。这体现了一种结构之美。

（3）趣在层进之美。

从小处入眼，处处体现层进之美。比如"挑战句读"环节，教者从"寻找语气词"，到"意义停顿"，再到"对称并列句式"，层层深入，一步一个脚印。

（4）趣在比较之美。

1. 虽有佳肴，弗食，不知其旨也；虽有至道，弗学，不知其善也。

2. 虽有佳肴，不食，不知其旨也；虽有至道，不学，不知其善也。

刘老师在屏幕显示之后，让学生进行比较，通过反复的比读，学生终于也明白了古人讲究遣词造句的方法，原句的"弗"不能换成"不"，"弗"可以使文章不显得死板，有变化，不显得重复，可使语言变化生彩，行文摇曳生姿。

（5）趣在共生之美。

以课堂为载体，学生得到了成长，就如老师在问"这节课收获的是什么"之后，三位学生的回答很有意思："老师，我觉得这节课很有趣。""老师，学习文言文真好玩。下次，您还给我们上文言文！""我知道了'教学相长'的道理，学习文言文还要多读，多思，多想。"是的，学生明显在生长，我们似乎听到了拔节的声音；老师也得到了成长："我更从你们身上获得了灵感，收获了情感。"共生共长，这才是我们最大的理趣。

既重言语内容又重言语形式，既重意蕴的体味又重涵泳的形式，这就是反复涵泳文本意蕴的价值追求。

我们的文言教学，应该就是这个样子才好。

第二节　方法生成类文本阅读

在语文教学中，若一味强调"道"，可能将语文课跌入"政治课""历史课""班会课"的泥潭。我们要清晰地认识到，语文课虽然"文道合一"，但其基本属性仍然是以工具性为主，正如顾之川先生在《语文工具论》中所言：语文课的主要目的，就是使学生通过听、说、读、写运用实践，学会使用中华民族共同语这一交际、交流工具[①]。

纵观当下的语文教学，"不语不文"的现象依然存在，教学目标上"若文似道"的困惑依然存在，致使"道""文"两空。方法生成类文本阅读教学应当从"言"出发，通透"文"与"道"，然后又回到"言"的教学上来，着力在"语言训练"走上几个来回，以达成阅读方法的建构和语言智慧的生成。换句话说，其课堂目标以教"语用"为主，让学生学习和领悟文本中字词句篇、语修逻文的言语智慧，它可以直接指向文本的某一种语言特质的认识和学用，虽然这其中也有思想启蒙和情感熏陶，但这一教学目标应当是隐性的、柔性的。

在教学实践中，"意蕴涵泳类"与"方法生成类"也不是截然分开的，它们存在着交叉和模糊的界限，需要教师根据文本属性，根据学生情况，根据教学目标进行适当调控，巧妙融合。

📐 我的教学主张

让教学为生命赋能
——方法生成类"教读"的教学艺术摭谈

统编初中语文教材"三位一体"阅读体系的构建，就是为了实现"读书为本，读书为要"[②]的编写思想。当前，许多教师一提到"教"，就害怕课堂成为"一言堂"，就觉得湮没了学生的主体地位，便不敢旗帜鲜明地谈论"教"。须知，在课堂上，没有教就没有学，教与学永远无法截然分开。

王荣生先生认为"教读课"有三个着力点：一是读不懂的使

---

① 顾之川. 语文工具论［M］. 南宁：广西教育出版社，2018：8.
② 朱于国. 统编初中语文教材"三位一体"阅读体系的构建［J］. 语文学习，2017（11）：4.

他读懂，二是读不好的使他读好，三是不喜欢的使他喜欢。这三点涉及阅读兴趣、阅读能力和阅读品位，是教读课中的"高难度动作"。"教读课"是"自读课"和"课外阅读"的基础，我们必须"抓住教读这个牛鼻子"①。在教学中，要准确把握当教之处。作为方法生成类"教读课"，"教"强调的是"授人以渔"，"扶"着学生，帮他们学得阅读方法，获得阅读体验②。

一、教读结合，培养学生的语言素养

"教读课"中，教师要善于创设丰富的语言实践活动。王云峰认为应用语言交流、用语言思考、用语言做事、用语言获得文化、用语言审美。③ 一言以蔽之，阅读教学，要基于语言来设计教的活动。《春》设计三个课时来"教"，分别以"读、品、仿"为关键词。第一课时，读清内容，读明逻辑，读出感情；第二课时，自主品读，小组分享，师生对话；第三课时，背诵片段，随课微仿写。在教学过程中，通过教读结合、质疑探究、恰当示例等教学策略来达成"适度精教"的目的，让学生喜欢这一篇课文，开启对初中语文的热爱和探寻之旅，并让学生能够初步感知言语内容，试着品析言语形式，培养阅读素养。

《春》第一课时，学生读得热火朝天，读得声情并茂，基本达成声音响亮，身姿端正，仪态大方；发音吐字准确清晰，力求顺畅流利；全身心地投入，有充沛的情感的朗读要求。在反复的朗读中，不仅清晰了文章总分总即盼春、绘春、赞春的结构，还引领学生发现了作品语言中渗透的"童趣"：形象生动的语言，"着、了"等的口语化，丰富的叠音词，大量适合儿童阅读的短句，还有诸如"呼朋引伴""繁花嫩叶"等平平仄仄、韵律感强

① 刘晓伟. 抓住教读这个牛鼻子［J］. 语文建设，2018（6）：10.

② 王本华. 统编初中语文教材的阅读设计与教学实践［J］. 语文建设，2018（6）：6.

③ 王云峰. 试论语文学科核心素养［J］. 语文建设，2018（2）：6.

的词语……读来兴味悠长，童声嘹亮，仿佛春之气息在教室里流淌、回荡。

第二节课品读语言。它是进入初中以来的第一篇课文，如何"教"学生"读"，这就是难点，也是重点。起初，教学的推进"磕磕碰碰"，不过，秉承"从语言入手，用情感着力，以素养落脚"的原则，针对教学目标和重点，引导学生采取细读、品读、议读等多种阅读方式，在言语内容和言语形式之间走上几个来回，学生倒也在"语言的建构与运用"上实实在在地起步了。自然，学生朗读会有较大的进步，因为语言文字是载体和媒介，通过朗读深入语言文字的背后，不仅获取文义，而且在脑海中产生形象，体会作者的情感，这是朗读的基础。只要不在语言的"表面"滑行而过，而是开展积极的语言实践活动，在方法点拨、适度追问、提要钩玄等教学过程中，为学生搭建了感知和体验语言的脚手架，让学生浸润于字里行间，在视而不见处涵泳，在思而不得处点拨，在悬而未决处引领，让学生初步领略到朱自清先生语言的特色。正如于漪所言："为什么我们的课不能刻骨铭心？……就是因为我们往往是泛阅读，是在文字的表面游移。"①

二、质疑探究，渗透审美与文化元素

语文教学，是在"语言"与"思维"互为表里的基础上，渗透"文化、审美"的培养，并让学生不断习得言语经验与智慧的过程。作为进入中学的第一课《春》，我认为至少有两个目标需要达成：一是感受语言的内容与形式，二是感悟文章的美与文化。这需要教师在课堂上充分发挥"教"的价值，并通过质疑搭建阅读支架，引导学生深入探究，学会阅读，让"质疑"为"阅读"服务。为了达成"须研究如何读出朱先生所追求的'活的口

---

① 于漪.语文教师必须有教学自信力 [J].语文学习，2010 (1)：5.

语'和'说话风',并且还需是儿童的"[①] 目标,就要进行积极的语言实践活动。我给学生提供了林斤澜《春风》片段,让学生比较朱自清《春》"春风"语段,学生很快就发现了他们描写春风的特点、角度和手法上的区别,感受到了不同文本中"春风"的不同风格与魅力。

质疑探究,需要为提问"减负":一是减少提问的数量,通过设计能够提纲挈领的主问题来控制"满堂问"的乱象;二是减少提问后的"冷场"怪圈,尽量用巧妙得体的方式提问,让学生能够由浅入深地细读和探究。质疑是为了激发学生的探究兴趣,学生探究不得时教师再"精教",过度提问反而不能激发学生的阅读兴趣。正如佐藤正夫所说:与其发问频繁,表面地而且仅仅限于两三名学生思考,宁可让全班众多学生沉着彻底思索[②]。

三、恰当示范,培养学生语言运用的能力

语文是一门学习语言文字运用的综合性的、实践性的学科,概言之,语文学科就是一门凭借语言为工具进行思维和表达的学科。在这个过程中,要培养学生利用语言进行思维,并能将思维的结果用语言进行表达,最终热爱祖国的语言文字,并能个性地、智慧地运用祖国语言文字。在这个过程中,教师的言传身教、耳濡目染显得尤为重要,在阅读和写作中予以示范,是恰当示例的常见路径。

从语言形式入手,解读语言内容,再从语言内容着力,品析语言形式,在形式、内容、形式上走几个来回,就能"教"出文本的特质,就能让学生生成和建构"这一类"文本的阅读方法和言语智慧,就能改善和优化每一个学生母语学习的生命质量,这

---

① 曹石珠. 论基于和谐理念的课堂教学的建构 [J]. 湖南师范大学教育科学学报,2008(1):73.

② 佐藤正夫. 教学原理 [M]. 钟启泉,译. 北京:教育科学出版社,2001:312.

或许就是方法生成类文本阅读教学的基本策略。

　　教读课，要侧重教师引导下的学习，重点落实本单元的语文素养目标，可以讲得精、细、全面，旨在给例子，给方法，以期举一反三，激发学生读书的兴味①。当然，过于封闭性的教学也会扼杀学生的阅读兴趣和阅读个性，剥夺他们自由阅读和思考的权利，从而导致他们与阅读的疏离甚至是讨厌。

　　概言之，在"教读课"中，教师应当基于学科核心素养，通过教读结合、质疑探究、恰当示例等教学策略，完成相应的阅读任务，促进学生阅读方法的举一反三能力和为"自读课"铺垫导航的阅读目标，生成阅读的方法和能力。

我的课堂小语：

　　人为什么读书？国学大师南怀瑾先生曾说过："读书明理。"我认为，读书明理、修齐治平，是读书的终极答案。但作为初中生，读书还应当接地气，还应当"脚下有路，手中有法"，这"路"与"法"就是"学会语言文字的运用"，让学生饶有趣味地理解和运用祖国的文字。

　　怎样引领学生阅读？质疑探究，教读结合，恰当示范，帮助学生真阅读，促进学生阅读方法和阅读能力的建构与生成，这是方法生成类文本阅读教学的基本策略。

---

　　① 朱玉国. 统编初中语文教材"三位一体"阅读体系的构建［J］. 语文学习，2017（11）：6.

我的课堂实录

聚焦言语　生成方法　拷问心灵
——《我的叔叔于勒》课堂实录

授课时间：2012 年 11 月 4 日

授课对象：四川师范大学附属中学八年级学生

情况说明："国培计划"（2012）教育部示范项目研究课

课堂记录：四川双流棠湖中学实验学校　黄明丽

一、导入新课

师：今天，我们学习法国作家莫泊桑的小说《我的叔叔于勒》，一起去感受小说中人物的酸甜苦辣，聆听人物内心深处的心灵之音。大家读过几遍课文？

生：（七嘴八舌）一遍、两遍、三遍……

师：点赞爱读书的你们！读得越多，你的发现越多，感悟越多。请问：文章给你印象最深的是哪一处或哪一句？

（生迅速低头寻找）

生：给我印象最深的是第 20 段和第 48 段的两处景物描写。第一处："我们去哲尔赛旅行，上了轮船，离开栈桥，在一片平静的好似绿色大理石桌面的海上驶向远方。"这里的自然景物描写烘托出人物欢快而愉悦的心情。第二处："在我们面前，天边仿佛有一片紫色的阴影从海里钻出来，那就是哲尔赛岛了。"这里的景物描写烘托了人物失望和沮丧的心情，与前面形成鲜明对照。

师：一切景语皆情语。这两处很有代表性，它将人物的心情烘托得淋漓尽致。

生：给我印象最深的是第 42 段的"这是我的叔叔，父亲的弟弟，我的亲叔叔"，我读出了"若瑟夫"发自内心的呐喊和谴责。

师：你觉得"若瑟夫"在呐喊和谴责什么？

生：他在呼唤亲情的回归，他在谴责父母的薄情。

师：有见地！为你点赞。

生：给我印象最深的是第 4 段和第 14 段反复出现的"唉！如果于勒竟在这只船上，那会叫人多么惊喜呀"，反复出现这句话，意在表现一家对于勒叔叔的期盼，也成为文章的一条线索。

师：这个发现很有科研价值。

（生笑，氛围和乐）

师：这节课我们研究人物的语言，将目光聚焦到这两句话上：一是"唉！如果于勒竟在这只船上，那会叫人多么惊喜呀"，二是"这是我的叔叔，父亲的弟弟，我的亲叔叔"。

屏显：

创作每一个人物，我们不能忽略的，是他的语言……

二、品读"唉！如果于勒竟在这只船上，那会叫人多么惊喜呀"

（一）一品"惊喜"，读出贫穷与希望。

屏显：

唉！如果于勒竟在这只船上，那会叫人多么惊喜呀！

（生齐读）

师：请带着感情读两遍。

（生读，声情并茂）

师：你读出了怎样的情感？

生：反复出现，可以读出强烈的期盼。

生：反复出现，还可以读出十分的惊喜。

师：为何一看到于勒就会有这样的心情呢？请结合课文做勾画、品析。

（生勾画，作批注）

生：我从"刚刚够生活""请吃饭不敢答应""常常买减价的""常常要计较"这些词句读出菲利普一家的拮据生活，所以盼望于勒早点回来。

生：他们家生活非常拮据，两个姐姐找不到对象也是因为贫穷。如果于勒回来就发财了，姐姐就可以结婚了。

（生笑）

师：愿闻其详。

生：我从课文第16段"他们列了上千种计划"，以及"二姐夫"就是因为看了于勒的信才娶了"二姐"的可以看出，于勒回来，皆大欢喜！

生："衣冠整齐""永不变更"，从一家人的穿着，以及对这句话的反复叙说，也能看出他们的期盼之急切，希望能改变这贫穷的现状。

师：是啊！可以等来希望，可以等来经济的好转，可以等来家庭的幸福与美满。所以有上千次的计划，几百次的等待。果真如此，何乐而不为呢？请同学们自由朗读这句话，读出盼望之切，读出等待之急。也可以替换一个叹词来体会。

屏显：

嘿！如果于勒竟在这只船上，那会叫人多么惊喜呀！

（生有感情地自由朗读）

（二）二品"竟"，读出梦想与失望。

生：一个"竟"字，还读出了他们的梦想之浓烈。父亲总是重复他那句"永不变更"的话，十年来，他们在期盼，在等待。嘿，于勒竟然在船上！

师：现实果真如愿以偿了吗？

生：我从"竟"字中还读出了他们的失望。

师：同一个字，不同的感受，请你解读。

生："竟"表示意外，父亲希望于勒能出乎意料地来到身边，那就说明船上没有于勒。可以说，能出现简直就是一种奇迹，而且我从前面的"唉"字也读出他的失望情绪。

师：是啊，盼了十年了，于勒还没有回来，所以只好"唉……"，请齐读。

（生齐读，读出失望之情）

师：一个"竟"字，可谓"过尽千帆皆不是"啊！一次次地希望，又一次次地失望。连自己都难以置信，其中辛酸，个中滋味，旁人怎生了解？一个如此遥不可及的愿望，却如此地倍加珍惜与呵护，那为何不放弃呢？

（生沉默）

生：这是一个小人物的梦想，卑微生活的一点残存梦想，所以一家人执着地迎接着于勒。真不敢相信，如果没有这个梦想，他们的未来会怎样。

师："卑微""执着"这两个词用得精准，谢谢你！这一个梦想真实吗？我们还是回到于勒的第二封信，你从这封信读出了怎样的密码？

生：于勒开头说他买卖好，可是后面又说"我发了财就会回哈佛尔"，还说"希望为期不远"，这就是矛盾的，他在撒谎，他根本就没有发财。

生：是的，如果他生意很好，他是不会丢下生意去长期旅行的。而且有时间长期旅行，为什么不回哈佛尔一趟看看哥嫂呢，他在说谎，他很虚伪。

（一石击起千层浪，学生七嘴八舌）

生：于勒虽然说了谎，但我感觉到他的心是好的，是一个善良的人。

师：能具体说说吗？

生：他不是故意说谎，从字里行间我感觉到他怕家人担心，所以才说谎。

师：可他明明没钱，完全可以直接告诉哥嫂自己又一贫如洗了，然后忏悔，请求原谅啊。

生：于勒不希望哥哥知道他的现状，他希望在家人的心中他是一个体面的人，是能够给家族带来荣誉的人，他宁愿撒谎也要保留这点儿自尊。还有，他回来了，又要拖累家人，让全家陷入失望和悲伤之中。

师：哦，原来是这样！在谎言的背后，我们看到了一个有温度的于勒。

师：请同学们读读第33段这句话："船长就冷冷地回答说：'他是个法国老流氓，去年我在美洲碰到他，就把他带回祖国。据说他在哈佛尔还有亲属，不过他不愿回到他们身边，因为他欠了他们的钱……'"你又读出了什么蛛丝马迹？

生：于勒不愿意回到哥哥嫂嫂身边来。

师：为何不愿意？

生：在外闯荡多年还是穷困，他觉得很没有面子。他不愿意家人知道真相，也没有钱来偿还债务，因为面子，也因为自卑，所以不愿意回来。

生：老师，我从第42段"我看了看他的手，那是一只满是皱纹的水手的手。我又看了看他的脸，那是一张又老又穷苦的脸，满脸愁容，狼狈不堪"读出于勒的生活很辛苦、很劳累，可他不愿回家拖累哥嫂。

师：谢谢大家，以前我们解读于勒，大都是自私虚伪、罪有应得。今天，我们走进文本，聆听心声，还看到了一个挣扎在底层的劳动者，一个自卑者最后的灵魂忏悔。所以我们需要一分为二地看于勒，不敢回家乡，既是虚伪的"面子"，又是善意的谎言，自己在卑微地呵护着。

师：请同学们再读这句话，读出梦想之强烈，渴盼之磨人。

（生齐读，感情捕捉更加准确到位）

（三）三品"如果"，读出惊愕与绝望。

师：无巧不成书，世间事大抵如此。念叨了上千次的"如果"，果然变成了现实。果然在船上相遇了，然而，你读出了惊喜吗？

生：没有。我读到的是菲利普的惊恐、害怕。

师：你从哪里读出来的？请具体说说。

生：菲利普发现卖牡蛎的老水手很像于勒，就"不安起来"，"脸色十分苍白，两只眼也跟寻常不一样"，"脸色早已煞白，两眼呆直，哑着嗓子说：'啊！啊！原来如此……如此……我早就看出来了！……谢谢您，船长。'"

师：来，我们一起读一读第 34 段。

（生齐读）

师：两个"啊"字你们没有读好，作为短篇小说之王的莫泊桑，连用两个"啊"字，肯定有他的深意。到底怎么读？你们先揣测一下此时此刻人物的心理。

生：第一个"啊"字应该读作"á"，第二个"啊"字应该读作"ǎ"。

师：为什么？

生：第一个"啊"字是忽然明白真相的惊讶和震惊，第二个"啊"字则表示明白现实之后深深的失望和悲伤。

师：非常好。请你朗读。

（生有感情地朗读两个"啊"字，师生掌声）

师：于勒可是菲利普的亲弟弟哟，菲利普为何如此惊慌？

生：他怕弟弟回家重新拖累自己。

师：你为何用了"重新"？

生："以前他是全家的恐怖"，"行为不正，糟蹋钱"，"逼得父母动老本"，"把自己应得的部分遗产吃得一干二净，还大大占用了我父亲应得的那一部分"。

师：难怪，之前都称于勒为——

生（齐）：坏蛋、流氓、无赖。

师：当在轮船上意外地遇到贫困潦倒的于勒时，又称他为——

生（齐）："这个小子"，"这个家伙"，"这个贼"，"那个讨饭的"。

师：请大家看看，对于勒还有哪些称呼？

生：于勒说他有钱的时候，他们亲切地称呼他为"正直的人""有良心的人""好心的于勒""一个有办法的人"。

师：这人哪，真势利啊。我们再来看看母亲的三句话，这三句话里有一个词反复出现，请同学们找一找。

生：（激动）是"别叫"这个词。于勒有钱时就望眼欲穿，没钱时就是"别叫""别叫""别叫"！像躲避瘟神一样，真势利、自私、冷酷！毕竟是亲人，血浓于水啊，怎么能这样呢？如此人性，真是让人吃惊，让人心寒！

（师生掌声）

师：可是——假如你是父母，你的家庭再也容不下一个难民，你有两个嫁不出去的女儿，还有一个待成长的儿子，你会怎么办？

（生面面相觑，沉默）

师：是的，可恨之人必有可怜之处，无情的背后也有它无奈的地方，所以我们不能只是站在道德高地上去随意地指责、贬低他人。

（板书：可恨——可怜；无情——无奈）

师：一个"唉"字，意味深长，真可谓等待让人心酸，巧遇让人心碎，称呼让人心痛啊！请同学们再读这句话："唉！于勒果真就在这只船上，可是却叫人多么心碎啊！"读出小人物灰色理想的人生幻灭之悲痛感。

（生读，情真意切）

三、品读"这是我的叔叔，父亲的弟弟，我的亲叔叔"

（一）读出"我"的少年心声。

师：在哲尔赛旅行快结束时，有一个称呼，让人感到很温暖，在哪里？

生："这是我的叔叔，父亲的弟弟，我的亲叔叔！"

师：请你把这段读一读。

生充满感情地朗读。

（师生掌声）

师：这一段描写，意味深长，入木三分，真实地刻画了于勒的穷苦与落魄。有人说"我的叔叔，父亲的弟弟，我的亲叔叔"三句重复啰唆，你怎么看？

生：我觉得不重复。"我的叔叔"是一个称谓，"父亲的弟弟"是针对父母而言的，表现了若瑟夫对父母不认兄弟的困惑和不满，"我的亲叔叔"强调一个"亲"字，表明若瑟夫内心深处对亲情的呼唤，这是"我的亲叔叔"啊！

（师生掌声）

师：若瑟夫与父母的态度形成了鲜明的对比，这个对比有何作用？

生：凸现了双方的性格。

师：太过简略。

生：孩子是纯真的，大人是世故的；孩子是诚实的，大人是虚伪的；孩子是善良的，大人是势利的；孩子是慷慨的，大人是刻薄的。

（师生掌声）

师：听了这段话，作为大人，我有些汗颜。

生：老师，我不是说你。你是可爱的，你是优秀的，我喜欢你上课。

（师生大笑，掌声）

师：谢谢你！我们想想，作者为何以"我的叔叔于勒"为题？

生："我的叔叔于勒"是站在若瑟夫的立场来写的，表明了作者的美好愿望，希望人们能像若瑟夫一样，多一点同情，多一点友爱，多一点善良。

师：三个同义反复的判断句，强调了这种无法分割的亲属关系。所以，当"我"看见于勒叔叔的落魄与凄凉时，"我"的同情感油然而生，自然给他"10个铜子的小费"。在孩子的眼里，不会去考虑这样做值不值得，只是觉得应该去做。

（二）读出作品的温情底色。

师：请同学们读一读《我的叔叔于勒》进入教材前原文的开头。

屏显：

一个白胡子穷老头儿向我们乞讨小钱，我的同伴若瑟夫·达佛朗司竟给了他五法郎的一个银币。我觉得很奇怪，他于是对我说：

这个穷汉使我回想起一桩故事，这故事，我一直记着不忘的，我这就讲给您听。事情是这样的……

师：请再来读一读《我的叔叔于勒》进入教材前原文的结尾。

屏显：

此后我再也没有见过我父亲的弟弟。

生读。

师：保留与删去这一头一尾，表达效果有什么不同？

生：保留开头和结尾，能使小说以故事叙述人的角度述说，故事套故事，增加可信度，可以使读者对人物心理有进一步的了解。

生：保留开头和结尾，可以让文章的视角丰富。首先文章是"我"的视角，之后转入少年若瑟夫的视角，结尾又转回到成年若瑟夫的视角。

生：保留开头和结尾，也保留了小说的亮点，说明作者对人性、人情的期待和信心，幼年的"我"及长大后的"我"，依然正直善良，没有沿袭父母的路走下去，变成势利薄情之人。真好！

（师生掌声）

师：谢谢大家的精彩发言。最后我给乞丐 5 法郎，也可以说是一种赎罪。金钱关系并没有也不能完全腐蚀一切，若瑟夫就是一个明证，这是本文最温暖、最震撼人心之处。

师：我们再一起深情朗读这句话。

屏显：

这是我的叔叔，父亲的弟弟，我的亲叔叔！

四、方法小结

师：莫泊桑短篇小说里：他的人物，在个性语言之中有内心世界的表露；他的情节，在平铺直叙之中有波澜起伏。他用平常的人物、平常的语言，表现一个普通的主题，可是却能够表达得深刻，能够给人启发，耐人寻味。

屏显：

左拉：他的作品无限的丰富多彩，精彩绝妙，令人叹为观止。

屠格涅夫：他是 19 世纪末法国文坛上"最卓越的天才"。

托尔斯泰：他的小说具有"形式的美感"和"鲜明的爱憎"，他之所以是天才，是因为他不是按照他所希望看到的样子而是照事物本来的样子来看事物，因而就能揭发暴露事物，而且使得人们爱那值得爱的，恨那值得恨的事物。

生读。

师：这节课教了大家一个解读文本的方法：抓住文章的关键句——反复出现的语言和错位矛盾的语言（板书）。

师：所谓言为心声，课文中的两句话，一句是文中反复出现、父亲"永不变更"的独白，它是可以通过听觉感知，似乎也道出了全家人的心声；一句是"我"心里默默发出的呼唤，无人能够听到，它却代表了"我"和作品的心声。第一句，我们可以读出小人物生活的辛酸与悲苦、梦想的坚守与无奈；第二句则可以读出我的同情与无奈，也可以读出若干年后"我"的反思与赎罪。

屏显：

语言最能暴露一个人，只要你说话，我就能了解你。

附：板书设计

我的叔叔于勒

莫泊桑

言为心声

反复出现的语言和错位矛盾的语言

唉！如果于勒竟在这只船上，那会叫人多么惊喜呀！

这是我的叔叔，父亲的弟弟，我的亲叔叔！

可恨——可怜　　无情——无奈

我的好友点评

文本与文化：语文课堂教学的双翼
——对《我的叔叔于勒》教学设计的评析
点评：程少堂　李琛①

一堂语文课就是教师领着学生进行一次思维探险的过程，教师以个体对生命的体验渗透到对文本有层次的教学解读中，激发学生从文本中不断获得生命体验，帮助学生把生活中熟悉的东西陌生化，放置到更广阔的文化视野中去考察，从而更好地去认识人性、自我、人生和社会。因此，笔者认为小课堂蕴含着丰富的文化，成就的却往往是大人生。

作为初中语文教材的经典选文，这篇小说曾得到过多元、丰富的解读，很多的教学设计往往从明暗线索、小人物的悲剧、资本主义社会中金钱对人性的扭曲等方面来解开《我的叔叔于勒》这篇小说的密码。

该教学设计紧扣文本，重在品读小说的语言，抓住小说中人物的两句语言，从微观层面对文本进行细致入微的赏析，生成阅读"这一类"小说的阅读方法。"唉！如果于勒竟在这只船上，那会叫人多么惊喜呀！"抓住"惊喜""如果""竟"三个词，品读出小人物的家庭生活状态——贫穷与希望，更品出小人物卑微的人生，品出于勒以及"我"父母的形象特点。从"这是我的叔叔，父亲的弟弟，我的亲叔叔"这句话中，品读出少年"我"的善良和同情心。随后，引导学生结合被删除的原作开头和结尾解读小说的主旨。

① 程少堂，教授，特级教师，语文味教学流派创立者，就职于深圳市教育科学研究院；李琛，广东深圳市龙城高级中学。该文发表于《中学语文教学参考》2013年第4期，有删节。

本设计旨在引导学生抵达人物的内心，重在赏析人物语言进而对人性进行剖析。对于小说文本的解读来说，不管是曲径通幽，还是步步为营，最终要完成的无一例外都是对小说主题的深层解读。两个教学设计在预设上各有特色——一个强调开阔视野进行高位阅读，一个强调回归文本，反复品读语言，这是二者比较独特的地方。但是，从教学目标的设定到对主旨的把握，我们能清晰地看到语文教学中的两难处境：拓展知识面与深入挖掘文本在课堂上难以平衡。

美国作者 Thomas L. Good、Jere E. Brophy 在其所著的《透视课堂》之《为理解、欣赏和应用而教授有价值的内容》一章中说："有太多的东西值得教给学生，但我们在学校的教学时间有限，因此，主题的覆盖面，对于需要拓展的主题来说，必须要均衡。"笔者以为，这当中实际隐藏着语文课堂教学中的两难选择：根据教学目标和教学要求在设计上减少内容覆盖面，以期在课堂上能更深入透彻地挖掘文本，则容易陷入为了深入挖掘文本而过度陷入文本的桎梏。

那么，在语文教学过程中如何平衡这二者以促使语文课堂既有宽度又有厚度呢？语文教师在语文教学过程中，应努力做到"入乎其内"和"出乎其外"：既要走进文本世界，同时又要跳出文本的束缚，站在文化和人性的高度去考察文本，解读文本中所蕴含的不同人生形态，最终完成语文课堂的华丽转身。下面，提出一些商榷意见：

1. 关于教学目标

在教学过程中清晰有效地落实教学目标尤为重要，从这个基本点出发去看本课教学过程的整体设计，我们感觉它更像篇散文，放得有意思，收束时却不够干净利落。比如，对于小说的主旨是什么，设计者始终是犹抱琵琶半遮面，不进行有力地点拨和回扣：小说表面上是抨击小人物的势力和薄情，更是在呼唤人性的回归。

2. 关于小说主题的思考

"这是我的叔叔，父亲的弟弟，我的亲叔叔"这一句，用孩童的视角和近乎冷静客观的叙述来审视成人的世界。诚如设计者所说，说这句话的人物是小说的亮色所在，然而，是否还需要在文本之外为学生架起一座通往更广阔世界的桥梁呢？这是本课教学设计尤其要思考的问题。

总而言之，语文教师应努力成为真正意义上的文人，既关注自己丰富的内心和真实的生命体验，又要具有情怀，用更为广阔的文化视野去观照个体的人生、普遍的人性和多元的社会。具体到现实课堂教学中，语文教师应把个体的生命体验融入对文本的解读之中，用文本与文化为语文课堂插上展翅高飞的翅膀，去打造有生命力的语文课堂，真正推动"文人语文"在课堂上的生成与延伸。

第二章　回归本真的"自读"

自读课不是自由阅读，是教师指导下的学生自主阅读。自读课与教读课显性区别是教师和学生在课堂前台的比例，本质是习用语文方法和教授语文方法的目标差异。所谓"习"，本义为"幼鸟在鸟巢上振翅试飞"，后来有"实践、演练、模仿"等意，多指生活实践的体验。自读课中的"习法"，指学生运用在教读课中获得的阅读知识和经验，在课堂上进行自主阅读，进一步运用并强化阅读方法，沉淀为阅读能力。

自读课，是学生从"他主阅读"走向"自主阅读"的实践场，是实现"自能读书"的关键环节。自读课教学，教师要侧重于诊断和评价学生的自读行为和自读方式，课堂要侧重于学生自读获得的分享与自读困难的研讨，从而切实地提高学生的"自读"质量。明确自读课的定位与作用，根据学情进行精准的"自读"类文本解读，基于认知规律选择恰当的教学策略，是"教材内容教学化"的关键路径。

第一节　由扶到放的"半自读"

自读课的目的是什么？学生能够"自能读书，不待老师讲"，也就是在自主阅读中实践和体验读书的方法，形成读书的关键能力。实现这个目的有一个长期的过程，宏观上看，从教读到自读，再到课外阅读，是一个培养学生阅读素养的完整系统；从自读指导的阶段来看，有一个"由扶到放"的过程。根据自读课教师"扶放"程度，可以将自读课分为半自读和全自读。半自读"边扶边放""半扶半放""扶中求放"，全自读"放中有扶"，甚至于"只放不扶"。

自学之点和训练之法，是教师需要仔细思量的核心问题。"自读课"的前期，教师不能简单地让学生自己去读，而是要先"教"学生如何自读，然后再"扶"着学生进行自读。要让学生自读起来，还要搭建学习支架，让学生愿读、能读和会读。同时，要保障学生阅读的时间，保证学生作为一个独立的读者，能自主有效地"自读"课文。简言之，基于教师指导下的"自主阅读"才是真正的自读。

我的教学主张

意义建构，让自主阅读真实发生

"部编本"语文教材强调"整体规划，有机渗透"，在阅读课型上，要分清教读课和自读课两种课型，教读课以老师讲为主，自读课就是让学生自主阅读[①]。在阅读中，让学生"学法、习法和用法"，是贯穿阅读课的主线，是阅读素养提升的关键。基于此，我们认为，教读课与自读课的根本区别在于"传授阅读方法"与"习用阅读方法"，教读课以教师教方法、培思维、育习

---

① 温儒敏."部编本"语文教材的编写理念、特色与使用建议［J］. 课程·教材·教法，2016（11）：41.

惯为主，自读课以学生自主阅读、自己思考、自我提升为主，两类课型定位清晰，各有侧重。"自读"是"教读"和"课外阅读"的桥梁，打通从课内到课外的节点，实现"课内得法、课外利益"的目标，"自读课"教学至关重要。

一、教学理念：多读少教

1. 可以后教

后教，是为了学生先读。从教学逻辑而言，学生自读后的问题才是教学的真问题，才是课堂亟须解决的有效问题；从课堂范式而言，先读就是为了保证学生的阅读时间，压缩教师的课堂语言。

后教不是不教。让学生先读，不是漫无目的地自读，而是在教师创设情境、出示目标、提出要求之后，有目的、有意识、有方法地自读。后教，也不是教师漫无目的地教，而是在学生充分自读后，教师与学生、学生与学生之间互动式的点拨与引领。在自读课中，这叫作"以读定教"，根据学生的阅读情况相机诱导，以确定下一步的教学内容和教学策略，它对教师提出了更高的要求。

2. 可以少教

要让"学生立场"贯穿整个课堂，教师要善于化繁为简和学会等待。我在芬兰考察时，发现芬兰教育强调"少即是多"，融入生命教育的"慢"实则是孩子一生成长的"快"，教学不能只为求得答案，要逐渐淡化教师的控制欲望和善讲情结[①]。否则，你将会剥夺学生的读书权利、读书时间，剥夺学生阅读能力提高的机会。

自读课，要让学生自己读，把教读课学到的方法运用到自读

---

① 刘勇. 重建"自主学习课堂"[J]. 未来教育家，2018（7）：31.

实践中，主要是泛读，不必面面俱到①。少教，是为了让学生多读。一是保障学生自主阅读的时间；二是教师遵守"三不讲原则"，即学生已经知道的教师不自以为是地讲，学生阅读之后就能知道的教师不越俎代庖地讲，教师讲了之后学生还是不明白的教师不"自作多情"地讲②。

二、教师定位：有所不为

在自读课教学过程中，从愿意读到读得懂，教师的角色与定位非常重要。王荣生认为在阅读教学中，教师应当着力于以下三点：一是读不懂的使他读懂，二是读不好的使他读好，三是不喜欢的使他喜欢。在自读课教学中，这个观点同样适用，不过，前提是先让学生自读、自读、再自读。

1. 教师要有所为

自读课教学，教师要有所为，学生才能知道"何为"。教给学生阅读方法，如《一棵小桃树》，对标题的揣测，对全文的猜读；自读为默读，是为了快速阅读，这是自读的一般常态。除此之外，自读时也会穿插精读，如反复阅读、圈点批注等，这也是我们成人的自读习惯和研读方式。

批注式阅读，是需要教师示范的。你看《一棵小桃树》中的片段"……像患了重病的少女，苍白白的脸儿，又偏苦涩涩地笑着"，教师就可以如此批注：这里的"苍白白""苦涩涩"均是叠音词，增加了语言的形象性和作品的感染力。又妙用比喻和拟人，凸显了小桃树开出的花瓣似营养不良的身患重病的少女，读来有一种悲切之感，体现了作者对小桃树遭遇的悲伤和同情。

---

① 朱玉国. 统编初中语文教材"三位一体"阅读体系的构建 [J]. 语文学习，2017（11）：6.

② 刘勇. 让学生在"自读课"上读起来 [J]. 中小学教材教学，2018（5）：13－14.

2. 教师要不妄为

在自读课教学中，教师要不妄为，学生才能"有所为"；教师更要不多为，学生才能真正"有大为"。

（1）不妄为

教学的本质是心灵的解放，在于唤醒学生的生命，迸发学生的情感，激活学生的思维。教师絮絮叨叨地讲解会干扰学生阅读的流畅，机械死板地训练会破坏阅读的美感，模式化的解读也会消解学生个性化的体验和思考。特别是在分数至上的应试教育模式下，教师"妄为"很容易让教师的"教"替代学生的"学"，让教学流于形式，让课堂变成"假学习"。

（2）不多为

"教"不等于"学"，教师教了学生不一定会学，学生学了也不一定会懂。所以，教与学之间，学与懂之间，懂与会之间是有一个距离的，这个距离需要时间弥补，需要亲身体验。教师不多为，学生才可能自由地、自主地、自在地阅读，才可能真正地沉浸在书中，感悟到每一个汉字的美妙，捕捉到字里行间的丰富信息，感同身受地融入自己的情感与体验。

"习"是自读课的本质。自读课中的"习"，指学生运用在教读课中获得的阅读知识和经验，在课堂上进行自主阅读，进一步运用并强化阅读方法，并沉淀为自主阅读的阅读能力。在这个过程中，需要教师不多为，促进学生多读。

三、课堂追求：意义建构

阅读课，是一个多向、开放和生长的对话空间。以意义建构为核心追求的自读课堂，通过问题的确立、情境的创设、自主的阅读、丰富的对话，以强调学生对知识的主动探索，强调对所学知识意义的主动建构①，让课堂走向共生，让教学回归本真。

1. 以"立人"为旨归

自读课，要彻底从"教"的设计转化为"学"的设计。自读课，是使学生由教师扶着读到放手让学生自己读的核心环节，是实现"教是为了不教"的关键步骤，是完成"立人"目标，奠基学生终身阅读、终身发展的重要策略。

自读，要将学生放在第一位，将其终身发展放在第一位。自读课教学，是为了让学生能够自主建构阅读方案，形成阅读素养，成为一个独立自主、可以终身阅读的人。

2. 以"生成"为路径

自读课教学必须以"生成"为路径。固然，教读课也需要课堂生成，但可以是教师教授下的课堂生成；而自读课，更强调学生自主阅读、自主对话、自主构建的课堂生成。

自读课教学，促进学生进行阅读的意义建构，让学生"自主阅读"真实发生，这才是我们的理性追求。

阅读为本，自读为重，培养学生终身学习的习惯和能力，是语文教学的重要任务。

我的课堂小语：

如何理解"自读"？变异理论的创始人马非龙认为：学生在尽可能接触特定学习内容的情况下，他们能够学会学习的概率更大。"自读"应该是一个过程，学生才是阅读的主体，时间才是成效的保证。

如何实现"自读"？重组阅读资源、创设阅读情境、搭建阅读支架、保障阅读时空，扫除阅读障碍，让学生以教师预期的方

---

① 刘勇，毛泽民. 基于建构主义促进课堂生成的路径分析 [J]. 中小学课堂教学研究，2018（12）：11—12.

式去充分体验和改变，从而学得知识、习得能力，这是"自读"课堂教学品质的关键要素和核心要义。

我的课堂实录

习得托物言志散文的言说智慧
——《一棵小桃树》课堂实录

授课时间：2017 年 4 月 13 日　星期四

授课对象：师大一中七年级学生

情况说明：成都市"部编教材自读课教与学"研究课

课堂记录：四川成都双流艺体中学　杨旭

一、对话导入

师：同学们，今天所要上的这篇课文，大家喜欢吗？

生：（小声且面无表情）喜欢。

师：你们说"喜欢"，却没有笑容，这不是真的喜欢。我们平时喜欢语文吗？

生（齐）：喜欢。

师：声音洪亮，又有笑容。我们坐得很端正，说明我们的习惯很好。看，字典全都带来了，我们师大一中的孩子们真棒！我还想问一句，我们坐得如此端正，我们自由吗？

生：（小声）自由，不自由……

师：（微笑）请大家坐得更舒服一点，这样心灵更自由一些。我们平时上课喜欢举手吗？

生：（大部分同学）喜欢。

师：喜欢举手的同学举个手（近半数学生举手），真不错！请平时不举手的同学举个手（几个同学举手，学生偷笑）。还有部分同学，你们是介于举手和不举手之间（听课师生大笑）。我知道了，你们还没有准备好，并且还要看老师讲得如何，是这样的吗？（部分学生点头，全班学生大笑）同学们，准备好了吗？

生：（整齐而洪亮）准备好了！

师：那我们就开始上课了。林语堂有一段话我特别喜欢，我们大家一起读一读。（PPT 展示）

梦想无论怎样模糊，总潜伏在我们心底，使我们的心境永远得不到宁静，直到这些梦想成为事实才止；像种子在地下一样，一定要萌芽滋长，伸出地面来，寻找阳光。

——林语堂

师：想一想自己的梦想，可以读得再执着一点，再坚定一些。

（生投入有情感地朗读）

二、读一读文题

师：语气铿锵，融入了自己的感受，有进步！今天我们共同学习一篇课文，请读标题。

生（齐）：一棵小桃树。

师：作者是——

生（齐）：贾平凹（wā）。

师：好，给这个字注上音。为什么要注音呢？

生：因为这个字我们特别容易读错。

师：愿闻其详。

生：因为我们平时用的音都是"āo"，就是"凹"进去这个音。这里也可能会很自然地读成"āo"。

师：谢谢你。有个成语叫——（生齐）"凹（āo）凸不平"。"贾平凹"的"凹"要读"wā"，读 wā 时一般指地名、人名等。要记住的不仅仅是读音，还有它的笔画。有谁带领大家来书空？

（无人举手）

师："凹"和"凸"在书写的时候，都是多少画？

生：5画。

师：怎么写？（生摇头）请大家跟着老师一起来书空。第一画"竖"，第二画"横折折"，第三画"竖"，第四画"横折"，第五画"横"（老师一边说，一边比画，学生也一边跟着老师比画）。明白了吧？（学生点头）来，把标题和作者再读一遍，起！

生：（齐读）一棵小桃树，贾平凹。

师：我们在初看标题的时候，有哪些疑问呢？

生：作者为什么要写一棵小桃树。

师：谢谢你的回答。

生：这棵小桃树是一棵怎样的小桃树？

师：继续。

生：作者如何描写小桃树？

师：好，谢谢大家。这些问题就是进入文本，读懂"这一篇"散文的关键问题。本文是自读课，想想平时我们一般怎么自读。

生：在自读的时候我们首先看标题，然后带着疑问来读书。

师：太棒了，这是自读的第一把金钥匙。看了标题之后，我们通常还会看……（学生小声回答：文章开头）文章的第一段，我们常说，良好的开头是作文成功的一半。本文的第一段，又会给我们潜藏哪些密码呢？请大家齐读第一段。

（学生齐读第一段）

师：你又读出了怎样的心灵密码？

生：可以看出，这棵小桃树对作者的影响是特别大的，因为他说是"我的小桃树"。

师：真厉害，你有火眼金睛！（众生乐）"我的小桃树"就是文章的心灵密码。还有呢？

生："我"的这棵小桃树，可能在作者的生活中并不耀眼，就是一棵十分平凡的小桃树。

生：开篇写得好真实啊。想写却不知道怎样写，常常"忏悔"又常常"安慰"，跟我们平时写作文是一样的。

（听课师生大笑）

师：谢谢你们，"十分平凡"却又"影响巨大"，常常"忏悔"却又常常"安慰"，这两组关键词抓得好，看似矛盾，但却融合在一起，这正是"我的小桃树"！文章中的矛盾之处、反常之处，恰恰能够透露出作者写作时的心灵密码。文中反复出现"我的小桃树"，它究竟想表达什么？我把文章中出现的"我的小桃树"的语句进行了梳理，大家读一读，相信你会有所感悟。（学生齐读PPT）

三、聊一聊"我的小桃树"

（一）说"小桃树"的成长历程

师：接下来我们将走进这一棵神秘的小桃树。"桃之夭夭，灼灼其华"，它应该是很美好、很幸福的吧！它一定长得像刘老师这样茁壮吧！（师生大笑）它是一棵什么样的小桃树呢？这棵小桃树经历了怎样的成长历程呢？有的同学举手了，谢谢你们；不过，我建议再思考思考，想想如何让自己的表达更加清晰、更加完善。

生：刚开始它是一棵嫩芽，然后它长得很慢，无人过问，并且长得太丑了，如第六段"一个春天，才长上二尺来高，样子也极其猥琐"。

生：第八段"弯弯的身子，努力撑着枝条，已经有院墙高了"，从这里看出来，小桃树的生长也是很不易的。"弯弯的身子"就说明了它的成长也是很不易的。

师：你有较强的语感，"弯弯"是叠词，用在这里能够勾画和描摹出那种弯曲而艰难的生长状态。

生：还有第十二段，小桃树也是在雨中成长的，在风雨中开花，在风雨中飘零。

师：归结一下，一是成长环境恶劣、无人问津；二是成长经历风雨、饱受挫折，生长不易啊！

生：请大家看第九段第二句话"可我的小桃树，一颗'仙桃'的种子，却开得太白了，太淡了"，从这里可以看出小桃树虽然开花了，却开得非常苍白。

师：作者在反复地叙说，它的萌芽；它的生长、它的经历、它的开花，均让人感觉到孤单、瘦弱、苍白。还有补充的吗？

生：请大家看第十三段"然而，就在那俯地的刹那，我突然看见那树的顶端，高高的一枝儿上，竟还保留着一个欲绽的花苞"，有花苞就有了希望，小桃树终于没有被风雨完全摧毁。

师：是啊，文章到这里终于有了一抹亮色。我们还要进一步地梳理，才能将小桃树的来龙去脉梳理得清清楚楚。请再次浏览课文，迅速找出它成长的时间词，看看我们是否心有灵犀。

生：第三段"好多年前的秋天了"，第四段"秋天过去了"，第六段"一个春天，才长上二尺来高"，第七段"也就在这年里"，第九段"如今"。

师：找得又快又准。那这篇文章是按照时间顺序来写的吗？

生：不是，这篇文章不是按照时间顺序来写的。因为它开头用了倒叙，先写小树开花、花落，然后再回过去说他的小桃树的成长过程，最后又回到现在，写它仍保留着一个花苞，给人希望。

师：倒叙，请同学们批注，"倒"在这里读四声。那什么叫倒叙呢？就是根据表达的需要，将事件的结尾或最精彩、最关键的环节提前写，然后再回过去写。

（二）"我"与"小桃树"的关系

师：明明是一棵小桃树，咋就变成"我的小桃树"了呢？自读课文，看标题质疑，读开头猜想之外，我们还可以通过默读全

160

文，以发现潜藏在文字背后的信息。

（学生默读课文）

生：我觉得这棵小桃树成为"我的小桃树"，是因为是我种下的。

生：我补充，同学们请看第三段最后几句话，"我却无论如何不能安睡，想这甜甜的梦是做不成了，又不甘心不做，就爬起来，将桃核埋在院子角落的土地里，想让它在那儿蓄着我的梦"，从这一段话中可以看出来，这棵小桃树的种子不仅仅是一棵普通的桃树种子，更蓄着我的梦，蓄着我童年的追求，所以是"我的小桃树"。

（听课师生掌声）

师：好，有质量的发现，大家继续。

生：请大家看第六段第二句话，"但我却十分地高兴，它是我的，它是我的梦种儿长的"，这里可看出作者对小桃树寄寓了非常深厚的感情，对它能够生根发芽、开花结果有非常迫切的希望。

生：对这棵小桃树非常怜爱，并且把"我的小桃树"视为自己生命的一部分。

师：反复叙说"我的""我的小桃树"，是"我的梦"，是我生命当中的一部分，这就是情感密码。

生：请大家看第八段最后一句话，"看着桃树，想起没能再见一面的奶奶，我深深懊丧对不起的奶奶，对不起我的小桃树了"，从这句话看出，对于小桃树，还融入了对奶奶的思念，也寄托了我的理想，所以成了我生命中的小桃树。

师：这是新的发现。"我"又经历了什么？和小桃树又有什么联系？

生：请大家看第七段，先写"我"的成长环境贫穷落后，再写我不断学习奋斗，保持着梦想，这和小桃树有很多相似之处。

生：从第八段"我慢慢发现我的幼稚，我的天真了，人世原来有人世的大书，我却连第一行文字还读不懂呢"可以看出"我"和小桃树一样，经历了坎坷，慢慢走向成熟。

生：还有就是像这棵小桃树一样，好不容易才长出来，还被猪拱折过一次。他们的经历有相同之处，都历经了磨难，但是都有"开花"的梦想。

师：是啊，两者的成长环境、成长经历相似，并且连梦想都是如此执着，历经了考验。

师：谢谢大家的发现，谁来小结，小桃树寄寓着怎样的情感和内容？

生：小桃树已不单单是一棵小桃树，它已经成了"我的小桃树"，和我的生命、我的成长、我的奶奶、我的梦想都有着千丝万缕的关系。我终于明白，它应当成为"我的小桃树"！

（听课师生掌声）

师：文章中反复叙说、反复出现的关键词句，它隐藏着作者内心的密码，透露着作者的情感。这是我们在自读的时候应该密切关注、细心品读的语言，这就是自读的第三把钥匙。

（三）说说托物言志手法

师：现在，请大家思考，文章用了什么手法来表达"我"与"小桃树"之间这种千丝万缕的联系？

生：我觉得是借物喻人，用桃树的经历来表达自己的经历。

师：借物喻人，开了一个好头！接着说。

生：我认为文章用的是托物言志手法，大家看，作者在这篇文章写到的小桃树，生长的时候很辛苦，后来还经历了风吹雨打，还被猪拱折过，但仍然顽强不屈、含苞待放。我认为作者通过这篇课文，就是要告诉我们无论身处怎样的逆境，只要我们保持着梦想，坚守着梦想，努力拼搏，就一定能获得成功。

（听课师生掌声）

师：厉害！说本文"托物言志"比"借物喻人"更准确。托物言志，就是把作者的情、志寄托在某一种物体上。比如本文，所托之物是什么？（学生齐答：小桃树）所言之志又是什么？

生：（七嘴八舌）梦想、奋斗、拼搏……

师：作者为什么不写梨树、白杨树、松树，他偏偏要写小桃树呢？我们继续了解他在《贾平凹性格心理调查表》一文中说过的话。

我出生在一个22口人的大家庭里，自幼便没有得到什么宠爱。长大体质差，在家里干活不行，遭大人唾骂；在校上体育，争不到篮球，所以便孤独了，欢喜躲开人，到一个幽静的地方坐。愈是躲人，愈不被人重视，愈要躲人，恶性循环。

师：贾平凹，中国当代作家，生于陕西的一个偏僻落后的小山村。父亲是乡村教师，母亲是农民。初二时遭遇了"文化大革命"，父亲被关进牛棚，这个十四岁的少年内心充满恐慌。成年后步入社会也遭受了挫折。你想到了什么？

生：我想到了小桃树，他就像小桃树一样，自卑、瘦弱、渺小，饱受风雨的摧残。

师：这就是托物言志。所托之物，刻画得越细腻入微，所言之志，便表达得越酣畅淋漓。

四、悟一悟"我的小桃树"

师：接下来我们要进行文本的第二次自读，重点感悟本文在语言形式上的特色。使用什么自读方法呢？用批注法。想一想我们平时读书的时候，读得好的地方拍案叫绝，好啊！好啊！好啊！读出来还不过瘾，再把它批注出来。古时候脂砚斋批注《红楼梦》，金圣叹评点《水浒传》，就是很好的典范。请看，老师先来点评一处。

示例："……像患了重病的少女，苍白白的脸儿，又偏苦涩涩地笑着。"

批注：这里的"苍白白""苦涩涩"均是叠音词，增加了语言的形象性和作品的感染力。又妙用比喻和拟人，强调突出了小桃树开出的花瓣似营养不良的身患重病的少女，读来有一种悲切之感，体现了作者对小桃树遭遇的悲伤和同情。

师：托物言志，托得如何？言得怎样？一定要回到字里行间去读，这一出怎么品呢？（学生在下面小声说修辞）有修辞，但不仅仅是修辞，请大家看一看。

师：我把它简洁概括一下，大家可以记住以下三点：叠词的表现力，比喻的巧妙性，拟人的生动感。

师：我们在批注时，可以聚焦本文最有特色的表现手法：一是叠词，二是比喻。请找一两处，或是深深打动你的语言，或者你觉得最有价值的手法，做一点批注。

（学生自主学习，按照老师的要求进行圈点批注，老师在一旁巡视并进行指导）

（一）品悟精致的叠词

生：同学们看第二段"它已经老了许多呢，瘦了许多呢，昨日楚楚的容颜全然褪尽了"，一个叠词"楚楚"，让我们想到了"楚楚可怜"这个成语，想到了小桃树在风雨中的可怜模样。

师：找得正确，联想有力，解读恰当。开了个好头，请继续。

生：请同学们看第二段"纤纤的生灵儿，枝条已经慌乱，桃花一片一片地落了，大半陷在泥里，三点两点地在黄水里打着旋儿"，"纤纤"是叠词，写出了小桃树（思考）……应该是纤细吧。

师：语感的方向是正确的，可以再具体一点。欲说而不得，这就需要独立思考，需要同学帮助，需要老师点拨。"纤纤"写出了一种什么状态？你再想想。

生：描摹出它在风雨中柔弱、纤细的状态。"纤纤"，感觉很纤细，读来很有味道。

（师生热烈掌声）

师：谢谢你，你很好地诠释了学习的价值，演绎了学习的过程。请大家批注：叠词，可以描摹状态，增加形象性和感染力，读起来音韵悠长。这就是中华文字的博大精深，这就是语言文字的运用之妙。

生：我还要补充，这一段的"一片一片"也是叠词，写出了桃花在风雨中一片一片零落的过程，既写出了一种动态飘落的凄美，又写出了风雨的残酷无情。

（师生热烈掌声）

生：请大家看第十一段"花幸好并没有立即谢去。就那么一棵树，孤孤地开在墙角。我每每看着它，却发现从未有一只蜜蜂去恋过它，一只蝴蝶去飞过它。可怜的小桃树"，这里运用了叠词，"每每"写出了我看小桃树的次数多，"孤孤"写出了小桃树的孤独。

师：注意，我们在读叠词的时候应当慢一点，"孤孤地"站在那里，孤单而寂寞的样子就栩栩如生起来。有感觉没有？（生点头）我们感到，他仅仅是在形容一棵小桃树吗？仿佛也在形容——（学生回答"自己"）。

生：请大家看第十段"像患了重病的少女，苍白白的脸儿，又偏苦涩涩地笑着"。"苍白白"说明脸色非常苍白，比苍白更苍白；"苦涩涩"说明笑容非常苦涩，比苦涩更苦涩。

（听课师生笑声，热烈掌声）

师："苍白白"言极其病弱和苍白，"苦涩涩"言极其痛苦和无奈。刘老师罗列了一下，本文有四十多处叠词（学生惊呼），为什么要这样写？我们先来读一读。女生读第一排，然后全班同学读"我的小桃树"；男生读第二排，然后全班同学读"我的小桃树"。

师：用叠词来表现自己的情感，让所托之物和所言之志融合，这就是托物言志的语言魅力。来，老师把它总结一下，请大家做笔记：既摹状又可摹意，增加语言的韵律，升华作者的情感，这是叠词的表达效果；形象美、画面美、音韵美，这是叠词使用效果。叠词运用，平平仄仄，高高低低，读起来朗朗上口，听起来声声悦耳，悟起来词词达意。

师：更为重要的是，反复吟咏，我们还会发现：朗读叠词时的反反复复、起起落落、跌跌撞撞、低低高高，恰恰是作者在苦难命运琴键上弹奏的人生最强音。

在文字上推敲，骨子里实际是在思想情感上"推敲"。

——朱光潜

（二）品悟精妙的比喻

师：叠词的运用使文章生色不少，比喻也是如此，本文主要有三处比喻，我们一起来读一读。

师：本体是什么？分别把它比喻成什么？

生：本体是桃花，分别将它比作"患了重病的少女""一只天鹅""风浪里航道上的指示灯"。

师：桃花和它们看起来好像是"风马牛不相及"，这样的比喻有何妙处？请大家分析分析。

生：少女是美好的，但"患了重病的少女"就显得苍白、单薄和瘦弱，让人担心了。

师：还可以联系上下文。患了重病的少女偏"苦涩涩地笑着"，说明这个少女面对苦痛和挫折，没有灰心丧气，更没有伤心绝望，而是对未来怀着憧憬、揣着希望，细读这一比喻，怎不让人动容？

生：第二处"像一只天鹅"体现了天鹅的婀娜（师生笑）。哦，高贵、高傲。天鹅在我们的心中应该是十分美好的，小桃树在作者的心目中也是美好的。

师：它们因什么而高贵和美好？天鹅为何"羽毛剥脱，变得赤裸的了，黑枯的了"？

生：因为它们都有梦想。小桃树的梦想就是开花，并且寄托了"我"的成长梦。天鹅也有它的梦，天鹅的梦就是在天空中飞翔。因为像小桃树一样，经历了风雨和挫折，所以变得"羽毛剥脱""赤裸"和"黑枯"。

师：谢谢你。我们知道丑小鸭的故事吗？（学生点头）即使是羽毛剥脱，赤裸的，黑枯的天鹅，但它毕竟是天鹅，因为它胸怀梦想，因为它执着前行，因为它不屈不挠。谢谢，第三处比喻又如何呢？

生：第三处"像风浪里航道上的指示灯"，在黑夜的海夜上，在一望无际的波涛上，指示灯就是希望。

生：最开始写小桃树经历了挫折，此处比喻话锋一转，变成了希望。我们看作者，他之前也经历了很多挫折，看到小桃树的花苞，他就想到了自己的梦想，就有了希望。所以，作者此时看到了小桃树这样的一个花苞，感觉就像看到风浪航道里的指示灯，就像看见了希望，充满了方向，充满了动力。（师生掌声）

师：好！谢谢你！你读懂了作者。请一位同学来总结。

生：这三个比喻很巧妙，值得我们学习（学生笑）。小桃树命运多舛，所以说"像患了重病的少女"；在生长之中，又经历风雨、遭遇挫折，变成了羽毛剥脱、赤裸的、黑枯的"一只天鹅"；但是，它没有放弃自己的理想，在经历风雨过后，还有一个欲绽的花苞，让我们像看到"指示灯"一样看到了希望。

（师生掌声）

师：同学们，这三个比喻，初看觉得不妥，实品则非常之妙。请同学们做批注。屏显：

喻体陌生化　描写生动化　角度感官化

比喻的精妙：

比喻是语言中的艺术，美妙的比喻简直像一朵朵色彩美丽的花，点缀着文学。

师：喻体比较陌生，描写十分生动，感官多种多样，有视觉、听觉、触觉甚至是嗅觉，这样来描写比喻就有意思啦，句句美妙、意犹未尽啊！这一节课，我们品读了构思之精巧，比喻之精妙，叠词之精致，下课后，还可以自读，品品动词之精准等。

（三）品悟"我"的梦想

师：我的小桃树啊！这是我生命中的小桃树！我们再来读读最后一段。

（生有感情地齐读最后一段）

师：小桃树就是我梦的精灵，它一定可以开得香香的、灼灼的。现在我们可以推测，贾平凹虽说出生在农村，一生经历了苦痛，但是他未来会怎样？屏显，生读：

我要开花，是为了完成作为一株花的庄严生命，不管你们怎么看我，我都要开花！

——林清玄《百合花开》

师：平凹先生，后来用自己丰厚的精神和优美的文字表达了对人世、对经历的选择，浇灌出他内心深处的"十里桃花"，一起来看一看他的作品。

师：我们读到了辛酸，但读到更多的是惊喜与欣慰。齐读：

我不相信命运，我只相信我的手。我不相信手掌的纹路，但我相信手掌加上手指的力量。

——毕淑敏《紧握你的右手》

师：《一棵小桃树》是作者的自我观照，是情感化的世界，亦是语言的艺术。课后大家可以继续自读。

我的好友点评

一棵树 一节课 一个梦想
——听刘勇老师的自读课《一颗小桃树》

肖培东[①]

《一棵小桃树》是贾平凹先生的一篇托物言志的散文，因为"小桃树"蓄着"我"童年的梦，所以"我"对它发芽、长大、开花、横遭风雨都特别关注，而这"野"的、"没出息"的、不美的"小桃树"与"我"早已融为一体，"我们"有着相同的"梦想"，有着千丝万缕的情感联系。作为一篇课内自读课文，如何让学生透过语言文字读懂"小桃树"，读懂"我"，读懂我们的"梦"，读懂这些带有强烈主观情感的表述，刘勇老师的教学给了我们一个明确的答案。

《义务教育语文课程标准（2011版）》在"教学建议"中强调：阅读是学生的个性化行为，应引导学生钻研文本，在主动积极的思维和情感活动中，加深理解和体验，有所感悟和思考，从而受到情感熏陶，获得思想启迪。刘勇老师正是循着这样的原则，由扶而放地引领学生自读，从而设计了本课的教学。

一、在语言的品析中，发掘学生的"自读"能力

余映潮先生说，散文的教学一定要重视"语言学用"，注重语言的积累、感悟和运用。从这一点上讲，《一棵小桃树》无疑是个很好的例子，刘老师没有完全放开，而是引着学生充分揣摩、解读词句，通过品析，去把握词句背后的深层含义。

1. 沉潜"叠词"

词语是构成文章的基本单位，每个词语都有其独特的意蕴和

---

① 正高级教师，浙江省特级教师。

价值。古人云：纲举目张。抓住文中那些牵一发而动全身的关键性词语，有利于体悟文章的深层含义，能让静止的语言有生命的活力。刘老师在教学中引导学生关注那些精致的叠词，在学生的品读中，一个个叠词都有了不同寻常的意义，学生经由这些叠词进入了小桃树生长的情感世界。

学生的眼睛是雪亮的，于是牵出了文中"纤纤，楚楚，苍白白，苦涩涩，瘦瘦的，黄黄的，默默地，孤孤，纷纷，片片，高高，灼灼，香香"等大量的叠词，学生不仅品出了叠词背后的不同意蕴和情感，也感受到了散文叠词运用的韵律美和画面美。

苏霍姆林斯基说，要让词语深入学生的精神生活里去，使词语在学生的头脑和心灵里成为一种积极的力量，成为他们知识中带有深刻内涵的东西。

我们相信，这样沉潜词语的品析定能培养学生扎实的炼词能力。

2. 聚焦"比喻"

解读小桃树生长的艰难处境，绕不开文中那几个比喻句，正是那些比喻的描写，生动形象地写出了小桃树生长的不容易。刘老师在学生批注的基础上，把这些句子拎出来，一品再品。

"那瓣片儿单薄得似纸做的，没有肉的感觉，没有粉的感觉，像患了重病的少女，苍白白的脸儿，又偏苦涩涩地笑着。"

"一树的桃花，一片，一片，湿得深重，像一只天鹅，眼睁睁地羽毛剥脱，变得赤裸的了，黑枯的了。"

"高高的一枝儿上，竟还保留着一个欲绽的花苞，嫩黄的，嫩红的，在风中摇着，拌着满身的雨水，几次要掉下来了，但却没有掉下去，像风浪里航道上的指示灯，闪着时隐时现的嫩黄的光，嫩红的光。"

问：本体是什么？分别把它比喻成什么？

生：本体是桃花，分别将它比作"患了重病的少女""一只天鹅""风浪里航道上的指示灯"。

生：少女是美好的，但"患了重病的少女"就显得苍白、单薄和瘦弱，让人担心了。

生：这三个比喻很巧妙，小桃树命运多舛，所以说"像患了重病的少女"；在生长之中，又经历风雨、遭遇挫折，变成了羽毛剥脱、赤裸的、黑枯的"一只天鹅"；但是，它没有放弃自己的理想，在经历风雨过后，还有一个欲绽的花苞，让我们像看到"指示灯"一样看到了希望。

......

在品读中，学生看到了小桃树生长的不容易，从而自然地进入了和小桃树相融的情感世界。

散文的魅力就在于它的语言，精妙之处就在一词一句。教学中应该让学生充分斟词酌句，学生在与词句的不断思考碰撞中擦出火花，才能真正走进文字背后的真谛，从而练就出"自读"的本领。

二、在情感的渗透中，发展学生的多元思维

托物言志类的散文，情感是它内在的生命。读这类文章，寻常的是情景，不寻常的是情感，教师要由扶到放，引导学生关注作者潜伏的情感。

刘勰在《文心雕龙·物色》篇中，对客观外物给人的情感影响予以生动的阐述，他指出，"物色之动，心意摇焉"，表明人的情感受客观外物的影响之深。为了抵达这样的目的，刘老师通过间接的情境创造和直接的方法引领，让学生在多元的思维中感受"我"的情感世界。

1. 创设情境

创设不可替代的现实场景，将学生带入，为学生构建最好的学习资源，学生一经进入就会不由自主地去洞察、去感悟、去体验，从而产生思维的积极碰撞。

　　课堂上，老师先投影林语堂关于"梦想"的话语，在朗读中把学生带进课堂，为学习小桃树蓄势。在理解"托物言志"的手法时，出示《贾平凹性格心理调查表》一文中的话，让学生走近一个自幼没得到宠爱、体质弱、孤独的"我"，于是，自然想到了小桃树，想到了"我"就像小桃树一样，自卑、瘦弱、渺小，饱受风雨的摧残。在"悟我的梦想"时，呈现林清玄《百合花开》中"我要开花"的文字；呈现毕淑敏《紧握你的右手》中"我不相信命运，我只相信我的手"的文字，继而呈现贾平凹用自己丰厚的精神和优美的文字写就的诸多作品，这一系列情境的创设，让学生不断领略到情感的变化，由最初的"酸辛"，到后来的"惊喜"与"欣慰"。这是引导学生对作者的"自我观照"，是作者"情感化的世界"再现，更是教学的艺术。

　　2. 教会方法

　　孔子云："学而不思则罔。"课堂教学的根本任务在于发展学生的多元化思维，教师是学生学习知识的引路人，应该担负起启发学生思维的责任。本堂课上，刘老师把学生放在主体地位，教其方法，让学生学会探索，学会发现。

　　自读之前，引导学生"读标题"，启发学生多角度思考：作者为什么要写一棵小桃树？这棵小桃树是一棵怎样的小桃树？作者如何描写小桃树？在"悟读小桃树"环节，引导学生关注"精致的叠词"和"精妙的比喻"，教会学生品析语言的方法，透过关键词句的含义，一点一点感悟字里行间流露的情感。

　　不是锤的敲打，而是水的载歌载舞才使鹅卵石臻于完美。刘老师通过创设情境、教方法等形式，拓展了学生的思维，课堂一点一点打开，感悟一层一层生发，从而渐渐抵达文本情感的最深处。

　　三、在平等的对话中，发挥教师的主导作用

　　新课程标准提出，语文教学应在师生平等对话的过程中进行。师生通过合作互动，使学习的过程围绕教学目标展开，而不是单纯的表面热闹。在由扶到放的过程中，刘老师的课堂正是在这样的平等对话中，逐层推进的。

1. 认真的倾听，中肯的评价

散文教学，是学生对作品个性化体验的审美过程，只有充分尊重学生个性化的情感体验，学生才能在积极主动的思维和情感中获得愉悦，习得方法，这需要教师学会倾听和等待。

纵观整节课，刘老师以足够的耐心和学生俯身对话，在倾听与等待中，陪学生一起深入文本。当学生言说"标题"时，师说"太棒了，这是自读的第一把金钥匙"；当学生表达读第一段的感受时，师说"真厉害，你有火眼金睛！'我的小桃树'就是文章的心灵密码"；当学生品析叠词的妙处时，师说"谢谢你，你很好地诠释了学习的价值，演绎了学习的过程。请大家批注：叠词，可以描摹状态，增加形象性和感染力，读起来音韵悠长。这就是中华文字的博大精深，这就是语言文字的运用之妙"……

语文教育需要对每一个言语生命给予充分的肯定和激励。刘老师面向全体，尊重每一位学生，用真诚的倾听和鼓励的话语，让课堂的对话如奔腾不息的河流，不断地迸溅出美丽的思维火花。

2. 课堂的构建与教学的引领

教师是学习活动的组织者和引导者，在课堂教学中发挥着学生无法替代的"主导"作用。这一点刘老师是最好的诠释，一方面深挖教材，设计教学，让学生学有方向，学有方法，学有收获；另一方面对于学生的语言表达，及时"仲裁"，正确引导，或启发，或补充，或完善，让学生顺利达成与目标学习的对接。

比如，在引导学生剖析"叠词"的妙处时，教师适时给予归纳总结："既摹状又可摹意，增加语言的韵律，升华作者的情感，这是叠词的表达效果；形象美、画面美、音韵美，这是叠词的使用效果。叠词运用，平平仄仄，高高低低，读起来朗朗上口，听起来声声悦耳，悟起来词词达意。"当学生剖析了比喻的作用时，教师评价：喻体比较陌生，描写十分生动，感官多种多样，有视觉、听觉、触觉甚至嗅觉，这样来描写比喻就有意思啦，句句美妙、意犹未尽啊！这一节课，我们品读了构思之精巧，比喻之精妙，叠词之精致，下课后，还可以自读，品品动词之精准等。

这样的总结把学生引向语言教学的又一高度，更全面，更深刻。

余映潮先生曾经说过："好课是一种追求，好课是一个美梦。能够上出一堂公认的好课，对于每一个老师来说，都是一种极大的精神享受。"刘老师遵循文体的特点，教学中由扶到放，凭"一棵小桃树"上出了一节培养学生"自读能力"的好课。只要我们多思考，多实践，上好课的梦想就像"小桃树"的梦想一样，一定会实现。

第二节　放中有扶的"全自读"

自读课，就是通过"扶中有放"再到"放中有扶"，直到"只放不扶"，实现让学生真正"自读"的最终目的。这个"放中有扶"或者"只放不扶"的自读课可以称为"全自读"，课堂上教师尽量放手，学生实在有困难再扶持一把。

如何达成"只放不扶"的目标？一是课堂要多读少教、先读后教：教师可以"后教"，后教的目的是让学生先读；教师可以"少教"，少教的目的是让学生多读；教师还可以"不教"，从而保障学生自主阅读的时间和空间。二是教师要学会智慧作为、有所不为：不妄为、不多为，只有如此，学生才能在阅读上真正"有大为"。三是要使学生实现意义建构：以"生成"为路径，以

"立人"为旨归。"教是为了不教",让学生能够自主建构阅读方案,形成阅读素养,成为一个独立自主的、可以终身阅读的人。

我的教学主张

提升自读课的品位①
——以"部编本"教材《再塑生命的人》教学为例

怎样衡量"自读课"?至少应当有两个标准:一是学生有充足的阅读时间和空间,二是课堂以培养学生"自能读书"的关键能力和必备素养为归旨。

叶老先生曾说过:"自能读书,不待老师教。"这可以作为"自读课"的教学目的。自读课起到的作用大致有三:一乃练兵,让学生运用"教读"课上习得的方法和知识;二是检验,通过学生对课文"自读"的效果来检测是否达到预期的"自读"目的;三为积淀,学生作为一个独立的读者,自主有效地"自读"课文,从中积淀语文素养。学者钱理群提出:阅读是语文课的基础,阅读必须是学生自己对文本的阅读,阅读必须是大量的②。所以,"自读课"要让学生愿读、会读、乐读,也就是培养阅读兴趣、阅读能力和阅读习惯,这就是自读课的品位和品质。

一、合宜的文本解读促进学生"自读"

"部编本"七年级上册第二单元课文《再塑生命的人》,节选自美国女作家海伦·凯勒的自传《假如给我三天光明》。是什么再塑了她的生命?这是教学本文最大的难点之一。如果没有处理好,学生便不能感同身受,学习就可能浮光掠影,甚至会觉得

---

① 该文以《让学生真正"自读起来"的路径分析》为题发表于《语文教学研究》2017年第9期,有修改。

② 钱理群. 钱理群语文教育新论[M]. 上海:华东师范大学出版社,2010.

"学会一个词，认识一个事物"有什么了不起，用得着这样小题大做？

面对这样的文本，我们该如何促进学生"自读"？在"自读课"教学中，合宜的文本解读是基础，然后带领学生在"自读"中实现文本的教学价值。

事实上，对于一个盲、聋、哑的小孩而言，这种转变真是一个奇迹。之前，她至少有两大缺点：学习肤浅，只是依样画葫芦地拼写；脾气不好，因苦恼而莫名愤怒。"水井房"的经历之后，一切都改变了。学习上，她能够明白那些词语更深的含义——指向具体的物，或者说具体的生命；同时，也为自己的冒失而悔恨不已，想以实际行动挽救洋娃娃。

她的最大转变，不单是会拼写和区分单词，而在于她认识到"原来宇宙万物都各有名称"。在我们正常人看来，这显然够不上"真理"的档次，但对于一个又聋又哑、渴望光明的 6 岁小女孩而言，却是一个多么光辉的真理。是什么"再塑生命"？是老师的爱心与耐心，她自己的坚韧与刚强，还有水的清凉感与流动感，以及生命的神秘感深深地刺激着她的感官，撞击着她的灵魂，她才突然感悟，这种感觉，恰如盘古开天辟地！从此之后，她就可以借助语言符号来认识这个被遮蔽的丰富世界，万物有灵，值得珍惜。海伦的这个转变，突出了大自然给自己带来的认知体验和生命体验，从而激发自己进一步认识、体验、感悟、关爱这个世界，而不是单单、直接地指向对师爱的领悟。

当下的七年级学生，正处在心灵逐渐走向成熟的花季，应当捕捉心灵的波光云影，表达内心深处的真切体验。要促进学生在"自读"中感受到这种略带神秘色彩的生命体验，教师需提供学习支架，以强化重点，突破难点。

二、恰当的教学策略促进学生"自读"

教学策略是教师在教学活动中为完成教学的目标和任务，所采取的用以指导教学行为的教学设计、实施措施与操作方式，是具体的操作过程与形态，规定了教学参与者在教学活动中的角色及其相互关系，偏重于教学活动的内容和技术因素决定的行为规则，具有指导性、灵活性、最优化等特征①。

明确"这一篇"自读课文在整本书、整个单元中的独特地位，以此精准定位，精确定教，精细定学。《再塑生命的人》为七年级上册第三单元的第二篇课文，前两个单元重点培养学生的"朗读"能力，三、四、五单元重点培养学生的"默读"能力。第三单元的第一篇文章《从百草园到三味书屋》是"教读"课文，教师应当教给学生"默读"的方法，并在课堂进行适当训练。本文《再塑生命的人》为"自读"课文，教师应当指导学生使用上一课所学到的"默读"方法，并在课堂中作适当的强化和提高。学会读书是一种能力，这种能力不能由老师替他们形成，只能靠他们自主实践。基于此，《再塑生命的人》的教学，教师应当从"扶"到"放"，在课堂上大胆放手，让学生"自读"，让学生与文本、与同学、与自己对话，教师则"静待自读之花开"。

（一）教法上"三看"

可以使用好教材中的文本和"助学系统"：看标题，看旁批，看阅读提示。语文教科书内部结构所隐含的知识和能力线索要借助于范文系统、知识系统、作业系统、导学系统四个相互联系的系统组织起全部教学内容②。

标题，大都是"自读"课文的文眼，如《再塑生命的人》，以标题切入，猜读学习，不失为一种较好的自读方法。随文"旁批"，大都避免直接呈现结论，强调启发和引导，其内容适切，

---

① 阎承利. 课堂教学的策略、模式与艺术［J］. 教育研究，2001（4）：43-46.

② 顾黄初，顾振彪. 语文课程与语文教材［M］. 北京：社会科学文献出版社，2001：76.

形式多样：或精要点评，或智慧点拨，或问题促思。"阅读提示"则尽量配合单元重点或文本特质进行指导，指向学生自主阅读，并尽可能向课外生活延伸，以培养阅读兴趣，提高阅读量。

教给学生的自读方法，必须要在一定的语文活动中得以实现，而恰当的教学活动则是将自读方法转化为能力与素养的学习载体，它促使学生卷入式地进入"自读"之中，可以实现"带着学生走向知识"的对话式阅读而非"带着知识走向学生"的结论式阅读。

（二）学法上"三读"

让学生自读起来，还需要搭建学习支架。"自读"，显然不是简单地让学生自己去读，简而言之，在教师指导下的"自主阅读"才是真正的自读，要让学生学会"三读"。

1."猜读"激其趣

这里的"猜"指的是猜测和想象，指向于"发散的课堂"，它可以让自读充满诱惑，让情节充满悬念，让教学充满张力。

此环节一般可以结合文章的标题或开头进行，指在读书的过程中，根据已知的内容，推测未知的内容。猜读是一种有效的阅读策略，可以提高自读的兴趣，有助于学生读思结合，还能比较对照，有效培养学生的想象能力和思维水平。

2."默读"知其意

这里的"默"有缄默和默会的意思，它指向于"安静的课堂"，宁静以致远。教师要学会忍受"宁静"的孤独，享受"聆听"的幸福。

此环节不是单纯的学生自我阅读，而是在教师创设的教学情境下的学生"自读"。它为实现学生课堂"自读"提供时空保证，同时，让学生在"自读"中暴露阅读认知上的相异构想，为教师后续的"阅读点拨"提供针对性。教学《再塑生命的人》，教师在"默读"中的点拨引导作用，可以实现对"自读"重难点的把握与解析。结合学生在"默读"中暴露的疑惑或偏差，也保证了课堂教学的针对性和及时性，增强"自读"课堂教学的生成性及实效性。

3."批读"品其味

这里的"批"有批注和批判的意思，指向于"思考的课堂"，这里的"感悟"与"批注"，不是无感乱发，而是有感而发。教师要学会忍受"权利"的旁落，尊重"多元"的感悟。

作批注，是很好的"自读"方式与策略。它可以压缩教师上课的废话，让学生静下来思考，锤炼自己的语言，完善自己的表达；还可以让学生在"批注"中培养其批判性思维，因为学生深思熟虑之后才会有真正的辩证思考和创新思维。批注式阅读是养成学生良好阅读习惯的重要方法。教育家叶圣陶很重视阅读时进行批注的阅读习惯，他提出，在阅读的时候，标记全篇或全书的主要部分、有力部分、表现最好的部分，这可以帮助了解，值得采用。

作批注时要注意三点：一是选点，可以选自己喜欢的、感悟最深的地方；二是角度，可以是内容、情感、语言、手法等诸多方面；三是要求，语言简练，观点鲜明，有理有据。此环节是实现学生知识过关、能力强化的必要过程，批注可以让评价有证据，让陈述更准确。它既包括对学生阅读思维的培养，又包括对学生阅读能力的习得，是课堂信息反馈和当堂掌握的重要活动。

作批注的教学程序可以如下：一是教师示范，如"当时的我，经过数个星期的愤怒、苦恼，已经疲倦不堪了"，老师可以批注："'愤怒、苦恼、疲倦不堪'三个形容词的叠用，看似多余，实则从横向上反复渲染了当时心情的沮丧和痛苦；'数个星期'则从时间的纵向上强调了当时心情的低落和持续。心情如此，如何拯救？"二是学生批注。三是互动展示。在批注时要记住：词不离句，句不离段，段不离篇，要反复吟咏、咀嚼、玩味，才能动笔批注。

东北师范大学附属中学教师孙立权基于"语文教育的民族化"视角，提出"批注式阅读"这一概念，并开始进行批注式阅读教学尝试①。清华大学教育研究院的倪燕、朱婷认为，批注式阅读主要用在阅读时有学习或评论目的的精读。教师对此必须要有充分的认识，不能强求学生什么都进行批注，但在实际教学中，学生常常出现滥用批注的情况，实际上反映了教师对于批注认识的误区，容易造成学生对于批注的无所适从②。我们认为，教学《再塑生命的人》采用批注式阅读是比较妥帖的。

总之，"自读"就是要让学生真正地读起来。温儒敏先生强调：我现在特别要提出，让中小学生"海量阅读"，学会"连滚带爬"地读。不要每一本书都那么抠字眼，不一定全都要精读，要容许有相当部分的书是"连滚带爬"地读的，否则就很难有阅读面，也很难培养起阅读兴趣来③。

"自读课"的最终目的，就是让学生愿读、会读、乐读，并养成习惯，再进行有效的"课外阅读"。阅读教学之目的，叶圣陶认为是养成读书之良好习惯。唯其如此，才能读出作者又读出自己，入乎其内又出乎其外，使得"课堂得法，课外得益"，才能让"自读"真正地连通"教读"与"课外阅读"，打通二者的世界，让课外阅读成为现实，让广泛阅读成为可能。

我的课堂小语：

阅读的最高境界是"自读"，即慎独式地阅读，无须他人监

---

① 孙立权. "语文教育民族化"的一个尝试：批注式阅读［J］. 东疆学刊，2005（1）：148—149.

② 倪燕，朱婷. 批注式阅读教学反思研究［J］. 语文建设，2014（6）：19—22.

③ 温儒敏. 让学生"连滚带爬"地读书［J］. 教育科学论坛，2016（6）：9—10.

督与控制的阅读。怀特海在《教育的目的》一书中认为，人的发展需要经过"浪漫阶段、精确阶段和综合运用阶段"，这个"综合运用"不是简单的自由与散漫，而是浸润的自主与自得。

猜读、默读、批读，阅读兴趣、阅读意识、阅读方法，都是实现"自读"的突破点。课堂教学中的"全自读"亦不等同于社会意义上的"自读"，它仍然需要"放中有扶"，真正地搭建起向"课外阅读"过渡的桥梁。

我的课堂实录

在"窃读"中学会"自读"①
—— 《窃读记》课堂实录

授课时间：2016 年 10 月
授课对象：简阳中学七年级学生
情况说明：简阳市初中语文教师培训活动
课堂记录：西华师范大学研究生　曾　露

一、猜读，会质疑

师：刚才我看见有两三个孩子在主持人介绍我的时候看书，好啊，你这就是窃读！你已经达到了最高境界，这节课还没学你已经悟到了。（众笑）读书的最高境界就是抽任何闲暇的时间阅读。古人有"三上"读书法：马上、枕上、厕上。抓紧空闲时间读书，太棒了，简阳的学生真是有智慧的，同时也是很勇敢的哟！

（对学生竖大拇指，众笑）

---

① 该文发表于《语文教学与研究》2016 年第 12 期。

师：我喜欢简阳的一句宣传词叫"大道至简"（生齐）"阳光至远"！更喜欢你们青春的脸庞和澄澈的眸子。正所谓"青春灿烂，读书致远"。这节课我们要学习的是一篇自读课文，就是在老师的带领下，大家自主阅读，学会阅读。

师：今天我们要学习的自读课文，标题——

生（齐）：窃读记。

师：（板书"窃"字）大家看这个"窃"字，上面是一个穴宝盖，下面是一个"切"，知道"窃"是什么意思吗？

生（齐）：偷。

师：（笑）有"偷"的意思，但是还有"私自、暗中"和"对自己的谦称"的意思。（PPT 显示）"窃"的繁体字"竊"，以米为穴，意为虫在穴中偷米吃，所以最早是"偷"的意思。现在，你该怎么理解"窃读"？

生："窃读"是"偷偷地、暗中地读"的意思。

师：看到这样一个标题，你会带着怎样的语气来读？为什么？

生：（疑问语气）窃读记？为何要窃读啊？

师：（点头）是啊，有一点疑问的感觉了。还有什么疑问？

生：怎样窃读？

生：她读的是什么书？

师：我可以问一问，你有窃读的体验吗？读的是什么书？

生：（不好意思）有，在自习课的时候会偷偷看曹文轩的小说，比如《青铜葵花》《草房子》。

师：那你偷偷看这些书感觉怎么样？

生：虽然觉得自习课看课外书是不对的，但是看了这些书还是觉得很满足。

师：窃读很满足？（众笑）这些书，是可以好好看的。如果窃读没有意义和价值的书，兴奋和刺激之后就是空虚和无聊。古人云"取法乎上，得乎其中"，窃读好书，其乐无穷。同学们，看着标题，还有什么问题？

生：窃读的感受是什么？

师：我们归纳一下，主要有三个问题：为何窃读？如何窃读？窃读感受？涉及文章的事件、人物和手法，想一想，假如让你来写这篇文章，你会怎样写？

二、默读，知内容

师：对于这些问题，我们怎样去找寻答案？

生（齐）：默读课文。

师：好，默读。同学们知不知道默读的要求？

生（齐）：知道，不出声、不动唇，不指读，不回看。

师：好，知道是第一步，更重要的是运用。默读时还要注意眼到、心到、手到。适当的时候可以回看，边读边思考刚才的问题。

（学生默读8分钟，并做勾画）

师：我看我们很多同学自读习惯很好，在文中勾画圈点，不动笔墨不读书，太棒了。我们来回答第一个问题：为什么要窃读？

生：因为她没有钱去买书，所以她要窃读。

师：那没有钱买书就不读书呗。为什么要窃读？

生：她特别喜欢读书，渴望读书时的那种快乐。

师：哦，她无钱买书，却非常喜爱读书，只读不买，于是就只能？

生（齐）：窃读。

师：原来如此，书中有没有证据可以证明她喜爱读书却买不起书？

生：第八段"我不过是一个无意购买而又渴望读到那本书的穷学生"。

师：对啦，这就是言之有据、言之有理。在这句话的旁边我们可以批注"家庭贫困，只读不买"，这是对"窃读"最好的注解。她不是因为有钱都不买，也没有因为贫困就放弃读书。没钱但特别想读书，所以只能（生齐）"窃读"。

师：第二个问题，她是怎样窃读的呢？

生：请大家看第三段。"我跨进书店，暗喜没人注意，我踮起脚尖，使矮小的身体挨蹭过别的顾客和书柜的夹缝，从大人的腋下钻过去，哟，把头发弄乱了，没关系，我到底挤到里边来了。在一片花绿封面的排列队里，我的眼睛过于急忙地寻找，反而看不到那本书的所在。从头来，再数一遍，啊！它在这里，原来不是在昨天的那位置了。"这里写窃读写得特别精彩。

师：精彩在曲折有致、真切有趣的心理刻画。她"窃读"的方式是什么样的，你能不能用自己的话来概括呢？

生：不让别人发现，不顾自己的形象，想方设法到处"窃读"。

师：我们借用或者化用书中的词语，可以叫"蹭读"。谢谢你。

生：我觉得刚才这位同学只说了受屈辱的那一次她是如何读书的，我找的是第十一段的，是她受屈辱后总结的一些经验。"有时候一本书我要分别到几家书店去读完"，这个地方就说出了"我"自从受了那次屈辱后长了记性，她不会只在一个书店一直地看，那样会被怀疑。还有第十二段，"因此我要把自己隐藏起来"，她知道如果自己不把自己隐藏起来，别人就会知道她是来窃读的。

师：哦，她开始是"蹭读"，现在是"藏读"。读书之路困难重重，但方法总比困难多！好，谢谢你。"窃"出了经验，"窃"出了智慧，"窃读"而非偷书（众笑）。刚才提到了"我"受到屈辱的那次窃读经历，文章仅写了这一件事吗？

生：还有一件事，后面一次是她在"窃读"时受到照顾，能安心地读。

师：前后对比，天壤之别。两件事情的中间部分有一种特殊的写法，是什么？

生（齐）：插叙。

师：嗯，我们班真厉害。请做批注，第一部分"细写一次窃读的经历，遭受屈辱，心里也留下了伤痛"，后一部分"细写一次窃读的经历，她得到照顾，受到恩惠，心里感激的经历"。中间是插叙，讲她一直以来是怎样窃读的，她不断地总结经验，这家不行我到那家，这次不行我下一次，我窃，我窃，我窃窃窃。

（众大笑）

师：但是其他事情可不能"窃"出经验哟！如果我是窃其他东西，窃出了经验可以理直气壮地跑，这样就不好了。

（众笑）

师：第三个问题：窃读的过程中有怎样的情感变化和起伏？

生：我觉得作者在第一次受到屈辱的时候，她感受到世态炎凉；第二次在店员好心相助下，她又感受到了人间是温暖的，所以作者的感受在不断变化。

（生鼓掌）

师：很棒，用语凝练。我追问一句，你是怎么得出"世态炎凉"这个结论的？

生：因为她写到"在这次屈辱过后，我的小心灵确受了创伤，我的因贫困而引起的自卑感再次地犯发，而且产生了对人类的仇恨"。

师：咦？这是"世态炎凉"吗？有没有补充？

生：应该是前面写她在窃读的时候被店老板发现，狼狈地跨出店门，老板还冷笑着说："不是一回了。"仿佛她是一个不可原谅的惯贼，看出老板的冷漠。

师：我虽然贫穷，但我只是一个喜欢读书的小孩子，店老板不仅不给我机会，而且还当众讽刺我、挖苦我、打击我，这就有"世态炎凉"味道了。孩子们，知其然还要知其所以然。我们说，自读课文有两大方法：第一，看标题，猜测、想象式阅读。第二，看阅读提示。同学们，看看这篇课文的阅读提示告诉我们什么。

生：本文的一大写作特色是"悬念"。

师：好。还有吗？

生：还有动作、心理、细节描写。

师：记住，自读课文的"阅读提示"可是我们"自读"的一大帮手哟。刚才我们解决了本文写了什么，现在我们还要进一步探讨，这篇文章是怎样写的。本文有两大特点，一个是巧设悬念，一个是动作、心理描写。这节课我们时间有限，大家想把重点放在哪个问题上面？是动作、心理描写还是悬念技巧？

生（齐）：动作、心理描写。

三、品读，作批注

师：好，异口同声，尊重大家的意见。怎么来品出窃读之味和写作之妙？怎么来学习动作、心理描写？我们今天用"自读"的好方法：批注法。批注法古已有之，从古至今，很多人读书都有用到批注法。有著名的金圣叹批注《水浒传》，脂砚斋评点《红楼梦》，下来后孩子们可以去看一看。看，刘老师做了一处批注。

（PPT 展示）

"有时我贴在一个大人的身边，仿佛我是与他同来的小妹妹或者女儿。"

批注："这一'贴'字，准确而传神，既是一种动作，也是一种状态，写出了我的身材瘦小，却机灵无比。将我想方设法窃读的状态刻画得淋漓尽致，体现了我的狡黠和执着。"

（生齐读生掌声）

师：谢谢，我是批注一个字，当然也可以批注一句话，甚至一段话，或者全文。为何批注这个字呢？因为这个字对我的触动很大。我应该向她学习，不过由于本人这个身材（指着自己肥胖的身躯），不适合贴着别人去读书。（众笑）所以，在你有所感、有所思、有所悟的地方，就可以进行简练的批注，现在开始批注。

（生作批注，8分钟；部分学生举手）

师：有部分同学举手了，请你们再修改和完善自己的语言，其他同学继续思考和批注。

（2分钟后，大部分学生举手）

生：我我的是第十七段，"我不再去书店，许多次我经过文化街都狠心咬牙地走过去"，这里写出了我对读书的渴望，但又因上一次的屈辱而被制止住了。还有第二十段的最后一句，"我暗暗焦急，并且诅咒地想：皆因没有钱，我不能占有读书的全部快乐，世上有钱的人这样多，他们把书买光了"。这里体现了她"窃读"的艰辛。

师：好，我来给你补充一下。第一处"狠心咬牙"显示出了一份渴望与一份克制之间，内心的焦灼和矛盾。第二处还写出了作为孩子一种天真的想法，真实地刻画了孩子幼稚的心理，这就是文章写作的"儿童视角"。

生：请大家看十一段，"一页，两页，我如饥饿的瘦狼，贪婪地吞读下去。我很快乐，也很惧怕，这种窃读的滋味！"看出了"我"对窃读的渴望，非常急切地想把书读完。"快乐"和"惧怕"是一对反义词，快乐写出了我对遨游书海的畅快，"惧怕"写出了我害怕被发现，被驱逐的紧张心理。

师：谢谢你智慧的眼光，窃读的滋味既是快乐的也是惧怕

187

的，从字里行间可以真切地感受到。还有补充吗？

生：这里也运用比喻，把小女孩比作一匹饥饿的瘦狼，写出了我"窃读"的贪婪……

师：发现很精彩，批注慢慢来。此处，我们可以继续深入地思考，比喻要有相似性，在座的女孩子谁愿意把自己比作"饥饿的瘦狼"（众笑、摇头），这有什么相似性呢？后面还有一个动词"吞"，我们可以联想到哪个成语？

生（齐）：狼吞虎咽。

生：老师，结合两处来看，比喻粗看不妥，实则妙极，写出了"我"对"读书"的极度贪婪之情。

（全班热烈掌声）

师：真棒！假如比作"一头贪吃的猪"，就会多一些懒惰和富贵娇气，少一些贫穷和如饥似渴。这也写出了对读书的无限热爱，以及没有书时的无限渴望。

生：请看到第十九段。"每次从书店出来，我都像喝醉了酒似的，脑子被书中的人物所扰，跟跟跄跄，走路失去控制的能力。"这里用了夸张，"跟跟跄跄""像喝醉了酒似的"体现了"我"还沉浸在书中，不能自拔，走火入魔。

师："走火入魔"这个词评价得好不好？

生（齐）：好。

师：好在哪里？

生（齐）：写出了她的执着，痴迷。

师：哪个女孩愿意说自己像喝了酒？初看贬义，但这恰恰是心理刻画最妙的地方。"跟跟跄跄"，这个动作，贬义褒用，更加突出了她的执着、贪婪和入魔。为书所醉，为书而痴，为书忘形！还有批注愿意分享吗？

生：第十八段"当我翻开第一页时，心中不禁轻轻呼道：'啊！终于和你相见！'"这个"啊"字，加个感叹号，读来好有味道。(多情地)啊——

(全班笑声、掌声)

师：如何有味道？愿闻其详。谢谢。

生：长期不见，甚是想念（笑声）。一是惊喜之情；二是怕别人发现，压抑着惊喜的克制；三是表现了孩子的幼稚与天真。

(全班掌声)

师：真好！为你点赞。真可谓"不著一字，尽得风流"。再补充一句，还可以读出"我"将书称作"你"，回忆似乎历历在目，心理刻画栩栩如生。

生：请大家看第一段，从"急急"可以读出她对书的热爱和渴望，"汗涔涔"可以看出书店离学校遥远，也体现"我"对读书所做出的不懈努力和追求。

师：嗯，很好。"汗涔涔"写出了路途遥远，不辞辛劳。再给最后一个机会。

(学生纷纷举手)

生：请大家看第二十九段。"记住，你是吃饭长大，读书长大，也是在爱里长大的"，我认为这句话既是对前面的承接也是总结，因为店员的关心，"我"认为不仅需要粮食哺育身体，也需要书籍哺育身体，也需要爱去哺育身体。

师：(与该生握手)请你发言是很正确的，来握个手（众乐）。因为你发现了刘老师还想说的，只有这样的"哺育"，才让"我"健康快乐地成长起来。这句话和前面吃花生米有没有勾连？

生（齐）：有。

生：花生米引出了下文，在当年那个物质贫困、精神贫乏的年代，读书是多么重要啊。成长，既有物质需要，又有精神成长，还需要心灵的滋养。

师：太棒了！你还读出了层次。吃花生米是身体在成长，读书是精神在成长。从痛恨社会到明白人间有爱，是心灵在成长。

窃书滋味乐无穷，人间自有真情在。

四、延读，荐名著

师：好了，孩子们。通过刚才的自读和交流，现在我们再读文章标题，你又会带着怎样的语气来读？

生："窃读记"，陈述的语气。回忆中有淡淡的忧伤和浓浓的幸福。

生："窃读记"，赞叹的语气！原来还可以这样读书，好一个调皮可爱的小女孩。为其窃读的勇气与智慧点赞，为其窃读的精神与感悟喝彩！

（全班掌声，全班齐读标题）

师：同学们，《窃读记》，"窃"是形式，"读"是内核；"窃"是迫不得已，"读"是渴望无比；"窃"是痛苦的回忆，"读"是快乐的源泉。请盘点一下你的收获，今天我们用"两看一读一批注"的方法来"自读"。你会"自读"了吗？

生：（齐点头）会了，谢谢老师。

师：我们"自读"也是如此：需要抓紧一切时间，需要利用一切机会，需要投入全部身心。最后给大家推荐两篇文章、两本书。

第一篇是汪曾祺的文章《跑警报》，讲的日军轰炸时，警报拉响，西南联大的师生抱着书和讲义边逃跑边看书，饶有趣味。第二篇是叶文玲的文章《我的"长生果"》，主要是回忆少年时代的读书生活，从"香烟人"的小画片到连环画，再到文艺书籍和中外名著，情感真挚，层次分明。第一本书是林海音的《城南旧事》。第二本书是莫言的《童年读书》。同学们，大道至简，小时候幸福是一件简单的事情，给个棒棒糖就幸福了；长大后，才发现，简单才是真正的幸福！愿我们能够简简单单、快快乐乐地读书。好，下课！

附板书设计：

窃读记

林海音

看标题

默读 ——→ 自读 ←—— 作批注

看阅读提示

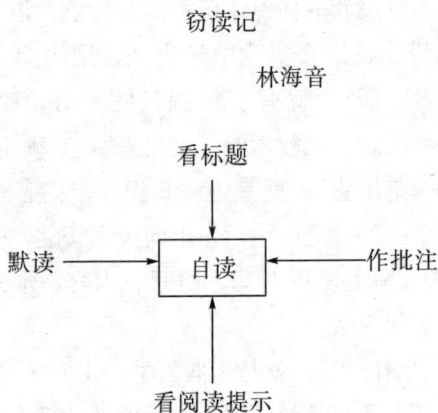

我的好友点评

语文教学与语文教师的"走出去"与"走回来"

——兼评刘勇老师的《窃读记》"自读"教学

点评：李德树[①]

部编教材自读课文《窃读记》，以窃读为线索，描写"我"经常放学后急匆匆赶往书店，藏身于众多顾客之中，想方设法窃读，到晚上才依依不舍离开的读书过程，真真切切地表现了作者对读书的热爱和对知识的渴望。

《窃读记》是一篇自读课文，自读课教学需要教师有较高的价值追求和艺术锤炼，更需要师生"走出去"和"走回来"。

一、语文教学要"走出去"

语文学科是综合性很强的学科。语文学科通古今，涵中外，

---

① 成都师范学院教师培训管理中心主任，副教授。

山河湖海，花鸟虫鱼，无所不包。语文教学是母语教学，承载着传承的功能，中华民族的优秀传统都需要传承。语文学科又是实践性很强的学科，在语文实践中学语文、用语文。语文就是生活，生活有多广阔语文就有多广阔，处处有语文，时时有语文……语文学科决定语文教学要"走出去"，必须走出去。

语文教学"走出去"，就是走向知识，走向各学科，走向文史哲，走向古今中外，走向生活，走向天南海北，走向过去现在未来。"走出去"就是不受时间、空间、内容、形式限制，语文教学走向更广更深更活。

语文教学"走出去"，就是走向教学，走向教育，走向社会。走向教学，就是要熟晓教学原则，先进的教学理念和方法。走向教育，就是要遵循教育规律，要落实教育立德树人的根本任务，要在六个方面下功夫。走向社会，就是把教育放在人类历史长河与世界视野中去认识去践行。

"走出去"是因为语文教学的上位是教学、教育、社会。语文的外适是知识，是生活。走出去，是为了更好，更宽，更远，更深，更活，更实，更有效。

刘勇在上自读课文《窃读记》时，引导学生像作者一样热爱读书和渴求知识，教会学生"一看二读三批注"的读书方法，对学生的发言和表现及时恰当地点评与引导，就是走出去之表现。如果不能走出去，这节课就将缺乏引导和启迪，学生收获也就小。

二、语文教学要"走回来"

走回来，就是要明确这个学校，这个班，这一群人的情况。他们的个性特点。他们与其他人的共性与个性、区别与联系。这一个与哪一个的不同。走回来，就是要明确语文教学与其他学科教学的不同。走回来，就是要明确这一类，这一篇与其他的不同。走回来，就是要明确这一课，这一时与其他的不同。走回

来，要细，要准，要实。

刘勇这节课，对教学目标准确定位，教学内容精准选择，教学方法恰当运用，就是走回来的结果。正如刘勇所言，在具体的实践中，我们通常认为有效的课堂教学有三个前提：一是学情分析，可以把它称之为了解"这一群"；二是文体特征分析，可以把它称之为知晓"这一类"；三是文本特质分析，可以把它称之为把握"这一篇"。从"这一群"到"这一类"，再到"这一篇"，奠定了"自读课"文本分析的"铁三角"，能够建构起文本价值的"教学性"提取，从而明晰"读什么"与"怎么读"的核心问题。

三、语文教学要"走出去"与"走回来"有机统一

走出去是因为要有森林才有好树木，要有源头活水才有不枯河流，要站得高才看得远，要见得多才识得广。走出去是为了走回来，走回来才教得更好、更有效。走出去是仰望星空，走回来是脚踏实地。走出去要洒脱，走回来要准确。走出去越远越好，不走出去，原地踏步，原地徘徊是教不好语文的。但再远都要走回来，走回来是精准，是实效。走出去回不来，天马行空，任尔西东也是教不好语文的。需走出去时，走得出去，有能力走出去。该走回来时，立即走回去，不要拖，不要绵。如刘勇解读"窃"，就恰到好处，不蔓不枝。

四、语文教师要"走出去"

语文教师要教好语文，语文教学要"走出去"，源头在于语文教师必须"走出去"。语文教师走出去，就是多读古今圣贤书，多阅人间万般事，多踏山河灵秀地。读书，开卷有益；学习提高，多多益善；观察思考，多多益善；游历体验，多多益善。

刘勇堪称"走出去"的典范。据笔者所知，刘勇可谓读书积累，从未间断，学习提高，多多益善：省骨三年培训，省名师再三年培训，未来教育家三载研修，省市名师工作坊多轮主持，特

级教师再研训提高。观察思考，从未停歇。

五、语文教师要"走回来"

语文教师走出去：学富五车，才高八斗。不为表演，不为炫耀。是为培养好学生，教好语文。所以要走回来。走出去成大师，走回来育因才。走出去成"四有"好老师，走回来做四个引路人。刘勇在语文教学中，善于"走回来"。在教《窃读记》时，始终围绕"这一群""这一类""这一篇"。关于"自读"，刘勇认为，"自读"是在教师指导下的"自主阅读"，教师的行为要保证两个要素：一是创设情境，让学生想读；二是教给方法，让学生会读。"自读"是"教读"和"课外阅读"的桥梁，能否打通从课内到课外的节点，能否实现"课内得法、课外得益"的目标，"自读"课堂教学至关重要。要保障学生"自读"，至少要具备两大要素：一是学生的语文阅读活动时间在三分之二以上，二是教师遵守"自读课"教学"三不讲原则"。教师先要"有所为"，学生才能有所获；但教师更为重要的是"有所不为"，学生才能真正地形成"自读"能力。老师，要有勇气忍受"自读"课堂的安静，要有智慧享受"自读"课堂的孤独，因为此时的静，是学生思维的飞翔。唯有如此，才能让学生在阅读中建构阅读能力。

六、语文教师要时时"走出去""走回来"

不走出去，何谈走回来。走出去了，回不来，何谈教好这人这文这节课。只有走出去走回来，才谈教语文。只有走得很远很广，回得很准很实，才谈教好语文。走出去，更多是在学，在进步，在提升。走回来，更多是在用，在让学生进步，让学生提升。

刘勇几乎随时游走在语文教学中。"走出去""走回来"，"走回来"又"走出去"。他的进步离不开"走出去"，他取得的成就离不开"走回来"。可以说，是"走出去""走回来"成就了刘勇。不断地"走出去""走回来"必将成就更辉煌的刘勇。

　　刘勇的成就与进步启示我们语文教师：第一境界不做井底之蛙，不做推磨之驴，要做雄鹰翱翔天空，要做千里马驰骋大地。第二境界走得再远要时时念挂故园的事，走得再远要找准回家的路。第三境界随时走出去随时走回来，时时走出去时时走回来。

　　如何既能"走出去"又能"走回来"，这就是刘勇老师"放中有扶"的自读课教学带给我们的思辨价值和教学启示。

第三章　回归本真的 "课外阅读"

巴金曾说：我们有一个丰富的文学宝库，那就是多少代作家留下的杰作。它们教育我们，鼓励我们，要我们变得更好、更纯洁、更善良、对别人更有用。有专家研究证明：一个学生的课外阅读量只有达到课本的 4～5 倍的时候，才会形成真正的语文能力。鲁迅在《读书杂谈》中强调，课外书不可忽视；我国著名的语言学家吕叔湘先生在回忆自己的成长时也曾说，三分利益于课内，七分利益于课外。

朱光潜先生在《谈读书》中说道：读书好比探险，不能全靠别人指导。"课外阅读"的教学，重在"用法"，教师通过"切入点"和"任务群"引导学生开启课外阅读之旅，帮助学生形成良好的阅读习惯，拓展阅读视野，培养阅读能力。群文阅读和整本书阅读，是当下课外阅读教学的突破口。

第一节　基于"比对读议"的群文阅读

单篇阅读、整本书阅读、群文阅读是事实上的三种阅读样态。温儒敏先生提出"1＋X"的阅读教学方式，即讲一篇课文，附带若干篇课外阅读文章，努力培养并训练学生的默读、浏览、跳读、猜读、比较阅读、读整本书等阅读习惯和阅读能力，指导学生学会阅读方法，提高学生的阅读量和阅读速度，提升学生的思维能力①。这种方式，可以让课堂内外的阅读教学相互交叉、渗透和整合，并有机地联成一体。

群文阅读教学，即以议题学习为任务驱动，通过多文本的比、对、读、议、合，实现问题解决和意义建构，架构起课内学习与课外阅读之间的桥梁。它的原理和机制，与统编语文教科书的阅读教学主张以及"1＋X"阅读教学方式不谋而合。一是为了增加学生的阅读量和提高阅读品质；二是为了改变教师的阅读习惯和教学习惯；三是为了能让学生从阅读中获取对客观世界和主观世界的全面认知，支撑其成为大写的人。群文阅读特别对学生高阶思维的培养有极大的优势：丰富的素材、探究性的教学、开放的空间等②。加强群文阅读，深耕细作，充分利用统编语文教科书的人文内涵和语文要素优势，形成课外阅读的内容体系和实施路径。

我的教学主张

"三心"：群文阅读教学建构的路径分析③

从形式上看，"群文阅读"是对传统的单篇教学模式的某种突围，它可以压缩教师琐屑的讲解时间，可以压制教师的话语霸权；从本质上看，是对"阅读"这一生命活动的本源化回归，让

---

① 温儒敏. "部编本"语文教材的编写理念、特色与使用建议 [J]. 课程·教材·教法，2016（11）：3-11.

② 于泽元，王雁玲，石潇. 群文阅读的理论与实践 [M]. 重庆：西南师范大学出版社，2018：160-161.

③ 本文发表于《教育科学论坛》2015 年第 5 期。

学生在广泛的阅读中学会"阅读";从效度上看,它是构建学校阅读课程,提升学生阅读素养的积极尝试。

关于"群文阅读教学",西南大学于泽元教授指出:围绕一个或多个议题选择一组文章,然后教师和学生围绕议题展开阅读和集体建构,最终达成共识的过程①。其中有三个关键词:"议题""集体建构"和"共识"。当下,四川群文阅读教学实践研究如火如荼,作为一种全新的课堂教学样态,教师无疑是"群文阅读"的组织者和设计者,"群文阅读"对教师的教学理念和课堂行为提出了挑战。

一、"文"的选编需"精心"

大数据时代,我们更应当让学生回归阅读的本真:让学生大量地阅读,在阅读中提高阅读素养。但是,种种因素导致课堂渐渐远离了真正的阅读,正如温儒敏所言:现在普遍的情况是,对课外阅读并不重视,甚至放弃了,这样的阅读教学只能是半截子的,不完整的②。

选择课外美文构建"群文阅读",无疑是对传统阅读教学的一种有益补充。群文阅读中的"这群文章"并非随手拈来,而是经过精挑细选的。但如果要想让课外美文成为很好的"学材",还应当经过以下三步。

(一)发现适宜的教学价值

美文的闪光点很多,但其教学价值何在?教师在进行选择时,不能仅仅停留在一般读者的角色,要从教育者的角度去发现"这一篇"的文本特质,提取其"教学价值"。"群文"被教师赋予了教学功能,是师生共同面对的文本,具有文学和教学的双重

---

① 于泽元,王燕玲,黄利梅.群文阅读:从形式变化到理念变革[J].中国教育学刊,2013(6):62.

② 温儒敏.忽视课外阅读,语文课就只是半截子的[J].课程·教材·教法,2012(1):49.

价值。教师要思考如何借助"文"搭建师生对话的平台,培养学生的阅读能力,提升语文核心素养。

(二)确定合理的教学内容

用美文来教什么?放在几年级教更合适?这些都是需要思考的问题。确定教学内容是实现课外美文向"学材"转化的关键,这需要教师对课外美文进行"教学解读",即从教材的角度进行专业解读和从学生的角度进行学习解读。同一篇文章,将其作为语文教材或者是思品教材,将其作为小学的教材还是作为初中的教材,教学内容的选择都是有很大差异的。

(三)突破单一的选择模式

没有孩子不喜欢阅读,只是他们不喜欢"被阅读"。"文"的选择,常规的模式一般是教师说了算,但实际效果不尽如人意。在实践中,可以创新选择模式,让学生真正拥有选择"文"的权利。选"文"可以分为几类:教师确定议题,负责选文,并实施教学;教师确定议题,学生负责选文,教师实施教学;学生确定议题,学生负责选文,师生合作实施教学;学生在自由阅读中发现并提炼议题,推荐阅读,分享阅读。

当然,如何选择"文"?这是必须细细思量的问题。纵观教材选文,一般文质兼美:思想内容丰厚,语言形式典范,并符合学生的年龄特征。"取其上,得其中",这便是如何选择课外美文成为"文"的标准。

二、"群"的建构需"匠心"

为什么把这些文章放在一起阅读?每一篇文章之间有怎样的关联性?它们应当具备共同的"议题":人文主题、语文元素、核心素养等。在由"文"而建"群"时,要注意同质与异质兼顾;更重要的是,要体现一种"结构化","结构化"的群文不是教学零碎知识,而是重构文章之间的关联;要学会整合,那些看似散乱无序的信息便可以提升为系统化的知识与能力。群文阅读的"结构化"，就是要帮助身处"碎片化"时代中的孩子如何去阅读。

（一）在教材选文间重组

教材课文重组可分为单元内的课文重组和跨单元的课文重组。现行教材大都按照人文主题组织单元，组织形式单一。如不进行重组，学生很难与编者进行深度对话，发现其主题组建的用意。教材课文重组时也可采用"议题串珠"的方式寻觅课文异同，让知识在整体中发挥聚合效应，侧重语文核心素养的专项训练。

（二）在课内外文本间链接

教材文本虽优美，但篇幅有限。教师是语文课程资源的开发者，应当加强对课程资源的重组和补充，使教材真正"活"起来、"厚"起来。课内外衔接，可以寻找单篇教材和课外读物的结合点，把课外美文引入课内，使教学内容丰富起来，让学生既见"树木"，又见"森林"。群文阅读横向链接法很多，教师可依据文本特点灵活操作。

（三）在课外阅读中重组

完全跳出教材的"藩篱"，重组议题进行课外群文阅读单元。这样的群文阅读更容易引发学生的自由探究精神，培养学生的质疑、发现和创新的品质。还可以培养学生浏览性泛读、探求性速读、品味性精读的阅读策略，培养学生的分析、概括、比较、综合、联想等能力和思维方法。

三、"读"的训练需"用心"

"读"需要通过"集体建构"来达成"共识"。阅读的本质是对话，具体地说，就是学生与文本之间、学生与学生之间、学生与老师之间甚至是学生与作者之间的多边的、多重的、互动的对话，在对话中完成思想碰撞和心灵交流，实现探究式、研究式、互动式、合作式的学习，从而实现启发学生、引导学生、唤醒学生，促进学生发展的最终目的。

（一）合理训练，培养读的能力

训练不是魔鬼猛兽，适宜的阅读训练是可行的。从形态分析，可以采用"课前阅读、课内交流"的群文阅读方式，优点在于学生对文本的阅读速度、阅读遍数不受限制，可以最大限度地保证对文本的感知；缺点在于学生的阅读态度、阅读进度、阅读过程无法把控，读的能力无法得到有效训练。而将"读的能力训练"挤进课堂，在一节课需要阅读几篇文章的背景下，需要教师对群文阅读中的"读"有切实的把握，对所需提高的阅读能力有明确的指导和训练过程。

（二）活用策略，掌握读的方法

群文阅读应当借用适当的阅读策略，引导学生在多文本之间交互、穿越，使学生不仅获得多文本信息，还知道在什么时候运用什么方法进行阅读。教师要通过对精读、略读和自由阅读的指导，使学生掌握读书的方法，避免逐句讲解带来的弊端，并侧重对学生比较、综合、概括、归纳等阅读能力的培养。

精挑细选的文章虽美，但在短短的几十分钟里却无法面面俱到，不可能一一赏析。任凭弱水三千，我只取一瓢饮。语文教师应有大胆取舍的智慧，选取与其他文章相关联的点作为研究的重点，抓"主干"，弃"枝叶"。通过一次次的质疑，一次次的探寻，一次次的发现，一次次的重构，一次次的突破……不断培养学生阅读的激情，提升学生阅读的品质。

总之，改变传统语文课堂"少费差慢"的弊病，提升学生的语文核心素养，使语文课程得以优化，是群文阅读教学的追求。让学生乐阅读，会阅读，终身阅读，"群文阅读"这一崭新视角必将带来阅读课堂的新革命。

我的课堂小语：

一群诗组块阅读有何价值？中国古典诗歌，是情感的语言不是逻辑的语言，是意象的语言不是词汇的语言。一组小诗，把弥久的情感编织在鲜明的意象里，在那里等待着你心随境转，思依意翩。

一群诗怎样组块阅读？结构化，是群文阅读的基本形态和价值意义；比对读议，是群文阅读的基本方式和策略；辨识与提取、比较与整合、评价与反思、应用与创意，是群文阅读的四大关键能力。异同之点和任务之链，情感之辨和思维之链，思维共振共生，共同支撑起群文阅读的碧海蓝天，提升着课外阅读的数量与品质，建构起高阶思维培养的台阶。

我的课堂实录

杨柳依依为谁"依"①
——比读三首杨柳诗课堂实录

授课时间：2018 年 12 月 11 日
授课对象：成都棠湖外国语学校初一学生
情况说明：工作室研究课
课堂记录：四川成都棠湖外国语学校　戴伶伊

一、诗经导入

师：一提到杨柳，我们就会想到诗经中的两句话。

生：（参差）"昔我往矣，杨柳依依。今我来思，雨雪霏霏。"

师：有的同学记得，有的不记得。我们一起来读一遍。

屏显：

---

① 本文发表于《教育科学论坛》2019 年第 9 期。

昔我往矣，杨柳依依。

今我来思，雨雪霏霏。

——《诗经·采薇》

师：杨柳（板书：柳），柳枝轻柔，随风摇曳。依依离别的情景，就会浮现在我们眼前。同学们，今天我们学习一个小专题（板书：杨柳依依为谁依）。

二、温故知新

师：杨柳依依为谁"依"？为你，为我，为他。今天，我们的学习方法是比读三首杨柳诗。提到咏柳诗，我们首先想到的是哪一首？

生（齐）：碧玉妆成一树高，万条垂下绿丝绦。不知细叶谁裁出，二月春风似剪刀。

师：我们小学就学过这首《咏柳》，请自由读一遍，谈谈它给你怎样的感受。

屏显：

咏柳
贺知章
碧玉妆成一树高，万条垂下绿丝绦。
不知细叶谁裁出，二月春风似剪刀。

（生自由读）

生：所有的杨柳都漂浮在水面上，杨柳依依的样子。

师：从哪些词可以看出来？

生："万条垂下绿丝绦"。

师：垂下万条丝绦，数量众多而又充满动感。

生：柳树长得很高，颜色也很好看。

师：颜色？从哪里可以看出来。

生："碧玉妆成一树高"。

师：嗯，后面还有吗？

生："万条垂下绿丝绦"。

师：一个"碧"一个"绿"，互相呼应，互相映照，多么漂亮！

生：树是绿的，枝条是绿的，叶子很细，也是绿色的，显得非常漂亮。

师：就像碧玉和丝绦一样漂亮，惹人注目。

生：我从第二句可以看出，柳树的叶子很细，和"剪刀"的"剪"字相呼应。

师：她观察到"细叶"和"剪刀"相呼应。除此之外，"不知细叶谁裁出"这是一个什么句？

生（齐）：问句。

师：对，这是一个问句。后面回答，一问一答，这样的设问也特别巧妙。

生：我还读出生机勃勃、生机盎然，从"碧玉""绿丝""春风"等词可以看出。春天来了，杨柳发芽了，一片绿意盎然，春风拂面，多么漂亮！

生：就像看到了真实的西湖美景，柳树垂下来倒映在湖中，似乎在梳妆。从"碧玉妆成一树高，万条垂下绿丝绦"可以看出。

师："碧"和"绿"互相呼应，色泽明亮，鲜嫩的生命，生机盎然，很有形象感和画面美，并且联想到了西湖的苏堤，真好。

生："妆"，妆扮，春天来了，连柳树也爱上了妆扮，它把自己打扮成小家碧玉那样，还有丝绦随风吹拂，这样描绘柳树，真漂亮，有诗意！

（师生掌声；板书：绘柳）

师：从整体到柳枝，再到柳叶，栩栩如生。并且好的诗歌会跌宕起伏，这里"不知细叶谁裁出"一问，话锋一转。

生：老师，这里"细叶"和"剪刀"相呼应，引出了后面的春风，又赞美了春天。

师：很棒的发现！

［板书：赞春（形）］

师：这就是"绘柳赞春"，紧紧抓住柳树的"形"来抒发。于是，一棵柳树摇曳在春风里，摇曳在我们的心田中，一棵柳树，就这样从历史中摇曳着向我们款款走来。来，我们再来一起背一背，诵出这种感情。

（生齐背）

三、举一反三

师：有很多诗人都写过杨柳。接下来，我们看看诗人刘禹锡写的《杨柳枝》。学过吗？（众摇头）先自由朗读。

屏显：

杨柳枝

刘禹锡

城外春风吹酒旗，行人挥袂日西时。

长安陌上无穷树，唯有垂柳管别离。

（生自由读）

师：有没有不认识的字？

生：（小声）"挥"后面那个字。

师：有没有同学知道？（生摇头）大家推敲一下，比如说你的朋友要走了，你送他离开的时候会挥什么？

生（齐）：挥手。

师：结合唐朝的服饰特点，再想一想。

生（齐）：袖子。

师：唐人衣袖比较长，比较宽大。这个字读"mèi"，把读音批注上。它的意思是衣袖。

（生批注）

师：现在谁愿意来读一读。

（该生声情并茂，朗读全诗；师生掌声）

师：不错，读得真好！是不是每位同学都能读得这么好呢？大家自由朗读。

（生自由读）

师：这首诗又写出了什么样的柳树？

生：写出了一棵有点悲凉、哀伤的柳树，寄托了诗人对友人的依依惜别之情。

师：有点悲伤，依依惜别，何以见得？

生："挥袂""管别离"。

生：还有"唯有"两个字，翻译成"只有"，只有垂柳管着别离的事，就会显得很悲凉。

师：翻译正确，继续品读。

生："柳"字，在古时候的谐音是"留"，相当于诗人想留住自己的朋友。从"长安陌上无穷树，唯有垂柳管别离"可看出，长安的树有许多，但只有垂柳才和我一道送别着我的友人，意思就是他想用柳树衬托对友人的思念。

（师生掌声；师板书：柳——留）

师：谢谢你！请同学们批注关键词。接下来刘老师读一读，大家体会体会。

（师范读，生鼓掌）

师：我们再来走近一点，再靠近这棵柳树。城外春风吹酒旗，讲的是在城外这样一个空间吹着酒旗，酒旗在风中飒飒作响。我们在离别时，古人往往都会"劝君更尽一杯酒，（师生齐诵）西出阳关无故人"。你再喝一杯吧，远方哪还有我这样的朋友为你钱行。"都门帐饮无绪，留恋处，兰舟催发。""念去去，千里烟波，暮霭沉沉楚天阔。"舍不得，留恋啊！开篇就很有意思，从广阔的空间来看，行人一直在挥袂，挥舞着衣袖，依依惜

别。你还发现了什么？

生：送别一直到了日西，太阳落山。说明送的时间很长。

师：对了，你们看，这两句诗多有意思。这是空间辽阔，这是时间长久。（板书：时与空）但这些有没有杨柳的事？

生（齐）：没有。

师：我们发现，他没写杨柳啊！但是却给杨柳搭建了这么一个广阔的空间，这么一个长久的时间。这是为了干吗？

（生小声议论）

师：对了，有感觉了，大家在小声说。不着急，我们慢慢地来，诗歌要涵泳。送别诗，古往今来都是"情不知所起，一往而深；梦不知所止，百转千回"。还有谁的诗也是这样，从广阔的空间与时间上来描绘送别？

生：李白的《送孟浩然之广陵》也是这样的，"孤帆远影碧空尽，（全班齐）唯见长江天际流"。

师："长安陌上"的"陌"是什么意思？

生（齐）：路。

师：阡陌交通，"陌"就是路的意思，批注一下。

（生批注）

师：长安路上有无穷的树，非常多。（板书：多）但是，"唯有"，只有垂柳管别离，这是少。（板书：少）这么多的树，但只有垂柳才在管别离啊，这是什么意思，抒发了什么样的情感？

生：就是很依依不舍。"柳"就是留的意思，只有柳树才管别离，其他的树都不管，写出了作者的孤独和忧伤的感情。

师：是啊，纵有千树万树，但只有杨柳才能寄托我对他的思念。我的离愁太浓，我的别绪太重。杨柳依依，为"我"的别离而依！

生：我觉得还有一个字，"垂"，很有画面感。

师：细品"垂"字，垂下的杨柳长，但我的思念更长。

生：而且诗中有个"吹"字，联系起来看，就是垂下来的柳枝，和我挥动着的衣袖，仿佛它们都在和友人道别。

（生鼓掌）

师：读出了创意。你从春风中读出了画面美、情感美和意象美。春风吹动着酒旗，是酒旗也在向我的友人挥别再见。春风吹动着我的衣袖，我的衣袖不断挥动，也在向友人告别。

生：春风还吹动了垂柳，柳絮飘浮，也在向我的友人告别。

师：从时与空，多与少，表达了我浓浓的思念。我多想折下柳枝送给友人。[板书：折柳，送别（情）]折柳送别，情深意长。原来啊，柳树不仅仅是柳树，柳树在中国人心目中已成了一种文化符码。（板书：文化符码）

生："柳""留"同音，我要把你留下来，我舍不得你。

师：古往今来，无数文人离乡贬谪，思念着自己的家乡。他们创造了无数的怀人怀乡之作，包含柳树的诗作还有哪些呢？

（生低头思考）

师：多读书，多积累，腹有诗书气自华。

生："渭城朝雨浥轻尘，客舍青青柳色新。劝君更尽一杯酒，春风不度玉门关。"

（众笑）

师：劝君更尽一杯酒？

生（齐）：西出阳关无故人。

师：好，谢谢。曹轩宾在《经典咏流传》里吟唱了这首歌，特漂亮。我就不唱了哈。

生：老师要唱。（众乐）

师：那我就献丑了。（师唱，生热烈鼓掌）

生：（深情款款）柳啊，留啊，你挽住了我的衣袖，挽住了我的情绪，挽住了我的心。

（师生掌声）

师：还有咏柳的诗吗？

生："羌笛何须怨杨柳，春风不度玉门关。"

生："此夜曲中闻折柳，何人不起故园情。"

师：在家乡，堂前屋后，遍植柳树。因此，思念柳树就是思念自己的家乡，思念自己的故园。继续发现。这首诗押的什么韵？

生：（小声）i。

师："i"韵。（板书：i）韵脚有哪些？

生（齐）："旗""时""离"。

师：我们读"i"时，牙齿是闭着的。"旗""时""离"，读起来是比较低沉、比较压抑、比较短促的，和这首诗的舍不得、悲伤相契合。我们再来读一遍。

（生齐读）

师：现在告诉大家一个秘密，这首诗中有一个字是错的。

（生一脸茫然）

师："柳"是错的，应该是"杨"，"唯有垂杨管别离"。为什么？有没有人知道？这是高阶挑战。

生：柳，又被称为"杨柳"。

师：这是一个有价值的发现。那这个地方为什么是"杨"不是"柳"？

生：我觉得，挥袂时手会扬起来，扬更有感觉。

师：这个"扬"与杨柳的"杨"是一个字吗？

生：谐音。

师：我给大家说吧，古时读诗讲究平仄。（板书：平仄）"平"大致等于我们今天的一声二声，"仄"声大致等于？

生（齐）：三声四声。

师：对，三声四声。怎样讲究平仄，在句子中，"一三五不论，二四六分明"，即第二、四、六个字必须讲究平仄。你看，

（手指诗中文字）"外"是仄，"风"平，"酒"仄，这是"仄平仄"。下一句，（手指屏幕"人""袂""西"字）这里是平仄平，句中和句间都有了变化。第三句也是平仄平（手指屏幕"安""上""穷"字），第四句就应该是仄平仄。"有"，仄声；"别"，古为入声字，是仄声；"柳"，仄声，那这个地方（手指屏幕"柳"字）就应该是什么？

生（齐）：平声。

师：你看，"唯有垂柳管别离"（师读，"有""柳""管"等重读拖长，加上三声转折的手势，声调别扭），"唯有垂杨管别离"（声调舒展，手势随"杨"字起伏上升）。明白了吧！写诗啊，平仄平，仄平仄，句间起伏，句内起伏，摇曳多姿，情感就出来了。现在我们把这个字改过来，"垂杨"，我们再一起读一读。

屏显：

杨柳枝

刘禹锡

城外春风吹酒旗，行人挥袂日西时。

长安陌上无穷树，唯有垂杨管别离。

（生齐读）

师：杨柳杨柳，在古时杨就是柳，和今天生物学上的杨柳是不一样的，况且我们的杨树是不会垂下来的，有一个成语"百步穿杨"，其实就是百步穿"柳"。

师：继续挑战，有一种版本，（屏显：唯有垂杨总绾情）"绾"这个字读"wǎn"。有没有人知道"绾"是什么意思？

（生茫然，师作绾发状，生恍然大悟）

生：古时候女子绾头发。

师："绾"，就是把头发系起来。"管"换成"绾"，你认为哪个好些？

（生思考）

生：我觉得是"绾"，因为"绾"的谐音是挽留的"挽"。

师：谐音是挽留的"挽"，有意思。还有吗？请坐。

生：我觉得"绾"更具动作性，就像缠绕着你的手一样。

师：有了动作感和画面感。

生：就是挽着你的手，不想让你走。

师：情感更加饱满。

生：我觉得"绾"字好。我们可以看见这个字是绞丝旁，和诗意联系起来就是离别的情谊缠绕。

师：谢谢，真棒。我们班进行了高阶挑战，这是学术界也在争论的事情。我们感兴趣的同学下来后可以继续推敲。看来，杨柳是美好的，也是让人留恋的。柳的形象永远是这样的吗？可不可以创新，"自古逢秋悲寂寥，（生齐）我言秋日胜春朝"。

四、比较阅读

师：曾巩有一首咏柳诗，很有意思。自由朗读。

屏显：

咏柳

曾巩

乱条犹未变初黄，倚得东风势便狂。

解把飞花蒙日月，不知天地有清霜。

（生自由朗读）

师：有没有不认识的字？

生（齐）：没有。

师：那我们一起读一遍。

（生齐读）

师：这里的柳，是否仍然想把友人留住？

生（齐）：不是。

（部分同学举手）

师：不着急。我们可以与前面的诗进行比较，然后分小组合作，评品这首诗写出了什么，最后进行小组展示。一个要求：小组成员都要发言，一个也不能少。

（生讨论，师来回指导）

师：真好，同学们讨论得真不错。下面，请以小组为单位发言。

（四人小组展示，一人朗读，其他分角度品析诗句和诗意）

（生朗读）

生：我们小组觉得这首诗与前面的不同。这是柳树在秋天叶子要变黄了，它在艰难生存，想保留它翠绿的颜色。

生：因为从初黄可以得知时间是秋天，这是第一句。从第二句"倚得东风"可以看出，东风把枝条吹得在空中摇摆，因为它长得很茂盛，所以到处都在飘。"且把飞花蒙日月"就是长条的叶片被吹得漫天都是，遮住了日月。

生：不知天地有清霜，我想是因为飞花把日月都蒙住了，天就变暗了，就看不见清霜了。

师：好，这是你们组的理解。还有没有其他解读？

（生朗读）

生：我们组感受到的是柳树的狂放、傲气，就是很狂妄的感觉。

师：有意思，愿闻其详。

生：因为第三句"解把飞花蒙日月"，它都可以把日月蒙上，就显得它很狂妄。

生：还有就是"倚得东风势便狂"，我觉得它仗着东风一吹，就是很狂傲，不把别人放在眼里。

生：我还有一点补充。从"不知天地有清霜"也可以看出来，因为清霜是很寒冷的，但柳枝却不把它放在眼里。

师：好，请坐。有争论了，这是好事。同学们，提醒大家，究竟是春天还是秋天？

生：东风一般指的是春风，"东风来了，春天的脚步近了"。变初黄就是刚刚长出了嫩芽儿，嫩芽儿是嫩黄嫩黄的。所以这里应当是春天。

生："不知天地有清霜"，是指不知天地还有恶劣的环境，还有严寒的秋冬季节。

师：你们更同意哪一组的看法？

生（齐）：第二组。

师：还有补充吗？

生：柳条刚刚长出来，却在东风的吹动下狂扭乱舞。想用柳絮蒙住日月，但不知天地之间还有秋霜。

生：老师，"犹未""便"就是"还没有""就要"的意思，它的这种"不知"是一种无知，更是一种狂妄。

（师生掌声）

师：你们看，它虽然很嫩，但借得东风就很狂，还想把日月都蒙住，太狂了！但是它不知道到了秋天就有清霜，柳叶会凋零，柳枝会枯萎，世间还会有轮回。这个时候，他还是仅仅在写柳树吗？

生：（猜测）借物喻人？

生：（大声）狂妄的人。

生：借柳喻人，讽刺狂妄的人。

师：还讽刺了得志的小人。本诗与前两首诗截然不同，将状物与哲理交融，含义深长，令人深思。

［板书：借柳，喻人（意）］

师：我们如果再关注一下它的韵脚，就会发现有意思。

生："ang"韵，嘴巴要张大，读起来有点狂。

生：这首诗和前面两首诗虽然都是写柳，但描写的景却不一样，表达的情也不一样，特别是押韵，读起来很有意思。

师：对，这三首诗，物同景不同，情亦不同，所以语言也会

不同。"ang"韵，嘴巴要打开一点，（师示范嘴型）ang，ang。声音洪亮。你看，再感觉，小人得志的"狂"。黄、狂、霜，（师示范发音，声音越来越大，表情夸张；生掌声、笑声）是不是有一种小人得志的狂，一种不知天高地厚的狂。和前诗的"i"韵发音完全不同，意味也完全不同。

师：你看，亲爱的同学们，杨柳依依为谁所依？为你，为我，为他，为我们心中的每一个人。应该说，每一棵杨柳都有自己心中的一首诗，各美其美，美美与共。同一株杨柳，因为心境不同、风格不同、表达不同，境界就不同。这就是我们今天所学习的这个小专题：（生齐读）杨柳依依为谁"依"。

附：板书设计

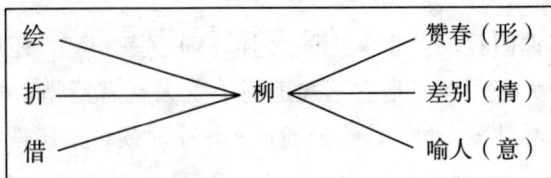

我的好友点评

循循善诱显精思　汪洋恣肆成神韵[1]
——观刘勇《杨柳依依为谁"依"》有感

点评：何立新[2]

语文教育进入"统编"时代，以1+X的教学模式构建由课

---

① 本文发表于《教育科学论坛》2019年第9期。
② 中国教育学会中学语文教学专业委员会副理事长，四川省教科院义务教育所所长，四川省特级教师，四川省何立新名师工作室导师。

内教读、自读到名著阅读及课外古诗词诵读的"三位一体"阅读体系成为教师拓展学生阅读视野，推进深度学习，提升学生语文学科核心素养，特别是文化和审美两个方面素养的重要手段。刘勇老师《杨柳依依为谁"依"》（以下简称"《杨柳》一课"）就是尽显其精思妙想，体现"统编"教材阅读教学理念的一堂好课。

　　刘老师《杨柳》一课立足于课内，发展于课外，以"杨柳"这一古典诗歌传统意象串起了《诗经·采薇》、贺知章《咏柳》、刘禹锡《杨柳枝》、曾巩《咏柳》等多首古典诗歌，课堂学习博而不杂，群而有序，紧紧围绕"柳"这一传统意象所寄予的主观寓意，让学生由课内延伸到课外，由一般涉及特殊，从言语内容拓展到言语形式，传统文学文化信手拈来，学生意义建构自然生成，课堂结构汪洋恣肆却又浑然天成。

　　《杨柳》一课并不像其他初次尝试群文阅读教学的老师那样有着单一而外显的"议题"，让学生和其他观课者在授课之初就对授课内容和方向一览无遗，更不像一些群文阅读教学初学者对多文本的一次性简单处理所带来的对文本浅表化的解读，而是抽丝剥茧，步步深入、丝丝入扣地将学生引入《诗经·采薇》、贺知章《咏柳》所描绘的审美情境中，去体会核心物象"柳"的形、色、动态，以及背后发生的故事和涉及的人物、情境，一步步诱导学生还原诗歌意境，体会"柳"这一核心物象背后的人情和意蕴。多文本阅读并未限制老师引导学生对多个文本关键点的精读，这是"为获取文学体验而阅读"的群文阅读所必须有的阅读策略和方法选择，学生得到的是丰富多彩而富于个性表现力的诗歌审美感知，是活生生、水灵灵，具体化的阅读体验，不是干瘪的结论性意见的简单传输和记录。学生紧扣核心物象"柳"进行的深入探究学习也是刘老师平时循循善诱、不断强化后累积下来的习惯和能力水平的真实显现。

　　当然，除了放得开，刘老师还知道该在什么时候收——引导学生收获感性的、丰富的审美感知后的理性认知——在一棵棵"从历史中摇曳着向我们款款走来"的柳树的枝影里，在煦暖如丝的春风中，刘老师把学生从多首诗歌的"绘形"引向"赞春"，引向多文本比同之后的意义建构——归纳"柳"这一核心意象所包含的独特情感。

这样的意义建构还不是终了，它只是《杨柳》一课的开始，好戏还在后面的"举一反三"之中。这一课不但给予了学生关于"柳"的丰富审美感知，从而实现"获取文学体验"，还力图利用在此基础上形成的理性认知运用于进一步的拓展阅读上，将建构的阅读认知运用于关于"柳"的更多文本（诗歌）阅读中，刘禹锡《杨柳枝》等诗歌次第出现，不但进一步丰富了学生的审美感知，使得学生通过对诗歌意象和关键字词的品读进一步体会诗歌的"画面美、情感美和意象美"，还让学生通过古代诗歌的多文本叠加学习，顿悟情深意长的折柳送别已成为中国传统文化中的一种习俗，柳在中国人心目中已成了一种文化符码。从文学审美到文化符号解构，这就是《杨柳》一课的基本教学内容。

但刘老师并未停止通过多文本阅读探究古典诗歌审美意蕴的脚步。刘老师或吟或诵，以自己的擅长把课堂学习推向了更深的境界——闭合口型的 i 韵、平仄需求所带来的所谓的错字"柳"，以及"唯有垂杨总缩情"的高阶挑战……不但是在阅读理解对象上的高度挑战，更让我们感受到了实现多文本结构化比对读议的群文阅读教学的议题不能是单一、僵硬的言语内容方面的品位鉴赏，还应有回归语文阅读本质属性的对言语形式也的深度探究——中国古代诗歌之所以流传至今，除了思想内容上的含蓄隽永外，其音韵、平仄、对仗等最富特色的言语形式是不可少的。这恰恰就是我们当前文学审美中所缺失的重要内容。

《杨柳》一课作为一堂典型的群文阅读课，还体现在课堂教学并未停留在揭示多首古代诗歌在"柳"的意象上的审美奥秘，

并能进一步拓展阅读进而揭示其文化内涵和古代诗歌特质，让学生领会多文本的"同"，刘老师还精心设计了曾巩《咏柳》一诗的求异性比对阅读——曾诗中的"柳"没有了伤别离的意蕴，反而显现了"小人得志的、不知天高地厚的狂"，学生对"黄""狂""霜"等字 ang 韵的诵读体会，更加增强了对古代诗歌音韵与情感表达间关系的深度理解，使得这组古代诗歌的意蕴由相似到相对，从而很好地实现了文本使用和意义建构过程的思维结构化，求同基础上再比异，学生阅读思维得到了多方向的拓展和深化，这正是我们的阅读教学所需要的。

第二节　基于"系统整合"的整本书阅读

爱读，还需要会读。陈平原在《如何把读书作为一种生活方式》一文中指出，不只习得精湛的"专业技能"，更养成高远的"学术志向"与醇厚的"读书趣味"。我们提倡名著阅读应当有"三度"，即不拒绝，有兴奋度；不仰视，有参与度；不肤浅，有思考度。推进整本书阅读，积极的、高质量的阅读成为必然的追求。当前，整本书阅读正迈向课程化。按照阅读指导的阶段来看，我们认为，前期导读课重在"导"：导兴趣，导方法，导习惯。中期推进课重在"推"：展示前期成果，推进后期阅读，发现阅读问题，推进学生思考，搭建阅读支架，推进深度阅读。后期导读课重在"享"：分享阅读感受，分享阅读成果。

毋庸置疑，相较于单篇教学而言，整本书阅读容量大、目标多、操作繁、实施难。整本书阅读课，关键在于一个"整"字，重点在于一个"读"字①。没有整合与融合，教师的指导就会零敲碎打，学生的整本书阅读便会散而无神，收获也将会大打折扣，成为"一地鸡毛"。教师要有意识地内容整合，策略整合，方法整合，情感整合，智慧整合……带领学生兴趣阅读、自主阅读、深度阅读，"常读常新"。整本书阅读，不能是"被阅读"和"假阅读"，自然需要激趣和引导、解惑与建构，但是一切都是为了学生"阅读"。

我的教学主张

整本书阅读，从"小"处读起②
——《草房子》导读的路径分析

　　教材中的《孤独之旅》节选自《草房子》，如何通过本文的教学，让学生喜欢上《草房子》呢？

　　课前，我征集学生的阅读问题，提出了不少疑惑：《草房子》中纸月、细马都非常孤独，为何节选《红门》中的杜小康，并取名为"孤独之旅"？《孤独之旅》中的鸭子有什么作用？如果不写鸭子可以吗？《孤独之旅》中为何要安排一场暴风雨？作用是什么？杜小康在风雨中找到了鸭子，为什么他哭了？……这些问题都很有质量。基于此，可以将《草房子》的导读大胆地放入《孤独之旅》的教学中，从"这一篇"（《孤独之旅》）到"这一章"《红门》，最后再到"这一本"（《草房子》）。

---

　　① 刘勇. 整本书阅读后期整合的策略 [J]. 语文教学通讯，2018（9B）：32－33.

　　② 本文系中国教育学会教育科研专项课题"初中语文本真教学的策略研究"（课题编号：Z282015013）和成都市科研课题"初中语文课堂教学生成策略的实践研究"（课题编号：2014GY39 号）的研究成果。

教学思路出来了，还需要搭建教学支架。从《草房子》到《青铜葵花》到《蜻蜓眼》，这三部相隔十年的作品传递出曹文轩对小说创作的不懈努力。反复阅读曹文轩的《小说门》，并阅读他在获得世界"安徒生童话奖"的演讲《文学：另一种造屋》，我认为，读曹文轩的作品，要善于关注生活细节，从"小"处读起，方能读出细节的魅力，读出文字的张力，读出生命的活力。毕飞宇也认为，我们要解决两个问题，一个是关于"大"的问题，一个是关于"小"的问题，也就是我们如何能看到小说内部的大，同时能读到小说内部的小①。在关照整本书的前提下，更要关注小说中细腻的人生体验。小说教学，从"小"处"说"起。

一、情节之"小"：巧于斗转

从魏晋南北朝时期的笔记体志怪小说，到唐朝传奇小说、宋代评书人的话本小说，再到明代以后较为成熟的明清小说，五四之后就是现代小说，这大致是我国小说的发展史。纵览这些小说，都有一个显著特点，就是故事情节大都讲究跌宕起伏，充满了"斗转"，西方小说亦如此，更不用说"欧·亨利式结尾"了。

情节首先脱胎于故事，服务于人物。福斯特在《小说面面观》里面说过，国王死了，皇后也死了，这是故事。国王死了，皇后因为伤心过度而死，这就是情节。情节的魅力就在于"斗转"之妙，而"斗转"之妙就在于其情节的波折是在不经意间发生的，它一定是在意料之外，又在情理之中。

为什么有无数的波折？曹文轩在《小说门》中说道：好看的并且是有意味的小说，不是一支离弦之箭，而更像一群有着好心情的鸟。它们在天空下盘旋、跃升、俯冲，我们翘首观望，以为它们飞向天涯、一去不复返，可正当我们在心头快要生长出一种

---

① 毕飞宇. 小说课 [M]. 北京：人民文学出版社，2017：11.

失落与空虚之感时，它们却又重新出现在我们的视野中……在留下无数撩人的无形曲线之后，它们终于还是消失了①。这就是小说情节之妙。

打出常规，以揭示人物的表层和深层心态的变幻，应该是小说普遍的规律②。巧于斗转的情节，纠结着情感，聚焦着目光，塑造着人物。从大的方面来说，《草房子》描述了一群淘气又可爱的孩子们，分章讲述了桑桑、杜小康、细马、秃鹤、纸月等人的故事，穿插了蒋一轮的爱情、秦大奶奶对油麻地的情感，还有桑乔校长的喜怒哀乐等，但它们还不能成为情节，情节需要编织，需要结构化。你看，关于秃鹤的塑造，就是通过"秃头"编织起来的；对细马的刻画，就是通过"语言不通"编织起来的；对纸月的描写，又是通过"身世不明"编织起来的；而对于杜小康，则是通过"家道中落"编织起来的（如下图）；而这所有的编织，又通过桑桑结构起来了，使全书各章节之间紧密联系，浑然一体。

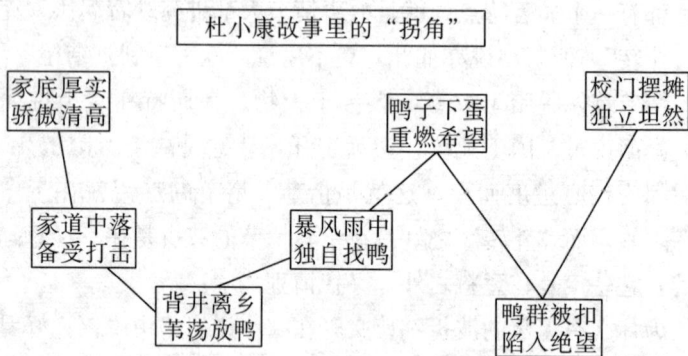

杜小康故事里的"拐角"

家底厚实
骄傲清高

家道中落
备受打击

背井离乡
苇荡放鸭

暴风雨中
独自找鸭

鸭子下蛋
重燃希望

校门摆摊
独立坦然

鸭群被扣
陷入绝望

---

① 曹文轩. 小说门［M］. 北京：作家出版社，2003：235.

② 孙绍振. 小说解读的理论基础：打出常规和情感错位［J］. 语文建设，2018（1）：10.

福斯特在《小说面面观》中给我们指出，小说要塑造的不是"扁平人物"而是"圆形人物"，即人物是丰富的、立体的、变化的，你可以从中体会一种与社会隔离的孤独体验，理解到真正的自我成长其实就是一段孤独旅程。这样的小说，才能彰显艺术的"真"，刻画我们想要的"生活"。小说，原来是生命旅途中的一面镜子①。有跌跌宕宕的故事，有巧于斗转的情节，人物形象才会更加真实，小说刻画才会更加动人。

二、物件之"小"：源于生活

一部小说，头一个条件就是引起兴趣。可是想要引起兴趣，就得使读者发生幻觉，相信书中的事情全真有过②。小说虽然是虚构的，却让我们感受真实，这其中有一个奥秘，就是在小说中刻画了许多来源于生活的真实物件，曹文轩在《小说门》中把它们称作"名物"。

取材于现实的小物件，可以有扎根于生活的描写空间。物件之所以"小"，不仅仅是其本身的大小，更因其来源于现实生活，是生活中司空见惯而非虚无缥缈的东西。比如《青铜葵花》里面的小物件有自然界的葵花和父亲的雕塑作品"青铜葵花"；《蜻蜓眼》里的小物件有蜻蜓眼、油纸伞、小皮箱等；《草房子》中的小物件就更多了，如鸭子、帽子、鸽子、自行车等。如果不写杜小康成长路途上的鸭子，只写杜小康的孤独与成长，文章会显得单调乏味，有了鸭子之后就有明线与暗线：最开始鸭子诚惶诚恐，杜小康亦是如此；后来鸭子成长了、生蛋了，杜小康也战胜了孤独，长大了。你看，这样的物件刻画多有意思。秃鹤的帽子和故事情节的发展也几乎完美地融合在了一起。帽子装载着秃鹤

---

① 司汤达. 红与黑［M］. 郝运，译. 上海：上海译文出版社，2006：103.
② 巴尔扎克. 巴尔扎克论文选［M］. 李健吾，译. 上海：新文艺出版社，1956：99.

的情感，记载了成长的轨迹。桑桑的鸽子、自行车、蚊帐都是很有意思的小物件。写桑桑用蚊帐捕鱼等，表面看是桑桑的淘气与贪玩，仔细玩味，曹文轩写的那些故事发生在20世纪60年代，他没有写"文化大革命"，也没有写自然灾害，而是委婉、唯美地折射了那个年代，很多人很多时候都是饥饿的状态、贫穷的状态。

情节的转折、人物的矛盾、形象的塑造，都与这些小物件的描绘密不可分。物件虽小，但阅读时不可小看，一定要细细涵泳。

三、环境之"小"：基于美感

《草房子》是基于曹文轩的童年经历写下的。他从小生活在江苏盐城，他的爸爸当过几十年的小学校长，小时候他随着爸爸从一个学校到另一个学校，经常看见的就是家门口、校门口被小桥流水包围着的草房子。

环境之"小"，是由于它是基于美感的，容易被视觉接收，容易被心灵悦纳。反复读曹文轩的作品，可以提炼两个关键词：古典的文风、明丽的色彩。曹文轩善用白描，我们可以捕捉到他那凝视的目光和美好的心灵，经常使用"好看""耐看"等词汇。你看桑桑来到静乐寺，"桑桑先听到浸月寺风铃的清音，随即看到了它的一角。风铃声渐渐大起来。桑桑觉得这风铃声很神秘，很奇妙，也很好听"。描写秃鹤出场时，"每到秋后，那枫树一树一树地红起来，红得很耐看。但这个村子里，却有许多秃子。他们一个一个地光着头，从那么好看的枫树下走，就吸引了油麻地小学的老师们停住脚步，在一旁静静地看。……在枫叶密集处偶尔有些空隙，那边有人走过时，就会一闪一闪地亮，像沙里的瓷片"。

基于美感的环境描写总是让人着迷。描写细马成长后，"夕阳正将余晖反射到天上，把站在砖堆顶上的细马映成了一个细长

条儿。余晖与红砖的颜色融在一起，将细马染成浓浓的土红"。即使桑桑与杜小康骑完自行车烤红薯时，对火灾的描述也是那么漂亮，那么美——"火山的最底部是黑色，再往上就是似乎凝固了的鲜红，再往上就是活火，最顶端就是红绸一样在风中飞舞的火舌"。

曹文轩曾说过：风景在参与小说的精神构建的过程中，始终举足轻重。《孤独之旅》中，有两处描绘了环境："那天，是他们离家以来所遇到的一个最恶劣的天气。一早上，天就阴沉下来。天黑，河水也黑，芦苇成了一片黑海。杜小康甚至觉得风也是黑的。临近中午时，雷声已如万辆战车从天边滚动过来，不一会，暴风雨就歇斯底里地开始了，顿时，天昏地暗，仿佛世界已到了末日。四下里，一片呼呼的风声和千万支芦苇被风撅断的咔嚓声。""雨后天晴，天空比任何一个夜晚都要明亮。杜小康长这么大，还从未见过蓝成这样的天空。而月亮又是那么明亮。"这里，设置环境，增加了美感；推动情节，舒缓了节奏；营造氛围，含蓄着情感；烘托人物，揭示了主题。

福斯特在《小说面面观》当中说过这么一段话：什么是小说？所谓小说，即具有一定长度的散文体虚构作品[①]。正因为有了环境描写，让小说也充满了美感，成了"散文"。一言以蔽之，基于美感的环境描写，妙处多多。

《草房子》塑造的人物，没有主次之分，亦没有高下之别。分章叙述的人物就像花瓣一样（如下图），每个人都有属于自己的孤独和成长，也有自己的经历与体验。

显而易见，整本书的教学是没有办法完全放在课内的。纳入统编教材体系的"课外阅读"，并非要教完课外阅读的所有内容，它是一个桥梁，将开启学生真正的课外阅读。

---

① 福斯特. 小说面面观［M］. 冯涛，译. 上海：上海译文出版社，2016：3.

从"小"处"说"起，基于学生的生活体验和小说的阅读规律，是推进整本书阅读教学的关键切入点。概言之，基于三"小"（小物件、小情节、小环境）推进小说的阅读，是整本书导读的有效教学路径。

我的课堂小语：

为何阅读整本书？整本书宏大缜密的构思，纷繁复杂的主题，灵活多样的手法，立体丰富的人物，是单篇短文无法企及的高度。

如何实施整本书阅读？作战时有一种智慧叫"寡兵御敌"，就是打仗时要用少数的兵去抵御大敌的时候，应该集中兵力，直冲要害；在整本书的阅读中，同样应当聚焦学习目标，抓好阅读的切入点，从而轻松从容地引领学生阅读整本书。

我的课堂实录

情节斗转："孤独"的最好注脚
——从《孤独之旅》到《草房子》课堂实录

授课时间：2018 年 11 月 23 日

授课对象：广西南宁二中初二学生

情况说明：全国前沿课堂暨深度学习教学研讨会

课堂记录：四川成都棠湖外国语学校　戴伶伊

一、课前对话，聊聊"草房子"

师：孩子们好！上课之前我们先来聊一聊，《草房子》里面给你印象最深的是什么？

生：《草房子》给我印象最深的是这些孩子们的成长历程和交友经历。

生：我觉得《草房子》里有孩子们的成长经历，还有一种孤独感。

师：也是成长经历。好，谢谢！

生：我看到了孩子们成长的孤独、烦恼和交友时遭遇的问题。

师：我们是孩子，所以看见的满满的也都是孩子。你还看见了他的孤独，看见了他的焦虑。"看见"这个"见"字很有意思，我想我们这一节课能不能多看见一点，多听见一点。接着说。

生：我觉得这本书描绘了一群农村孩子的生活经历，这里面有真情，也有苦难。

师：你去过农村吗？

生：去过。

师：你对农村的印象是什么？能不能用一个词来概括？

（生答不上来）

师：没关系，这节课我们可以去感受感受。草房子里还有什么？

生：我觉得《草房子》里还有孩子们的笑脸，有快乐的欢笑声。

师：我也看到了你的笑脸，谢谢！孩子们，时间差不多了，你们准备好上课了吗？

生（齐）：准备好了！

师：好！我们上课吧。

（师生问好）

二、走进《孤独之旅》，初识"情节斗转"的设置

师：刚才我们说到在一片神奇的土地——油麻地，有一群淘气又可爱的孩子们。他们是谁呢？

生：桑桑、杜小康、细马，还有——

（老师用手摸摸头顶提示）

生：还有秃鹤。

屏显：

秃鹤　桑桑

细马　杜小康……

师：这些孩子，他们的童年是什么样的呢？这需要我们再走近一点，这样我们才能够看得见、看得清、看得明。这节课我们就走进这些孩子的童年。怎么走进呢？我们教材中有一篇文章就选自《草房子》，是哪一篇？

生（齐）：《孤独之旅》。

屏显：

《草房子》　　"孤独之旅"

曹文轩

师：《草房子》是曹文轩用他的童年经历创造的一部小说，可以说"草房子"就一直活在他的心中。《草房子》可不得了啊，获得了很多大奖。

师："孤独之旅"是我们编者自己加的题目，它选自《草房子》中的《红门》，今天我们就透过它，去窥见一点小说的密码。《红门》一共有几章？

生（齐）：两章。

师：我昨天下午收集同学们关于这本书的疑问时，发现几乎四分之三的同学都有一个相同的困惑：既然原名是《红门》，为

什么又取名为《孤独之旅》呢？

师：所以，我们就先从解决这个疑惑开始。不知道今天有没有同学有新的看法？

生：我觉得它取名为《孤独之旅》的原因是，杜小康家在经历一次事故后就衰落了，他再也不能过以往的生活。然后他父亲就带他去放鸭子，在放鸭子的过程中，杜小康和他的父亲很少交流，并且也没有与其他人说话的机会。和鸭子度过的那些日子，让他感到很孤独。所以我觉得这就称得上一段孤独之旅吧。

师：为你点赞！一是抓住了情节的变化点，说出了一个关键词——事故。有了事故，情节就会发生变化，就会产生"斗转"。二是你还提到了孤独的原因是没有说话的机会，这也是一个关键词。

（师板书：事故——斗转 语言）

生：他失去了以前的一切生活。只有爸爸可以面对，只有鸭子能够陪伴，所以他感到了无比的孤独。

师：有鸭子和父亲，为什么还会如此孤独？刚才你说了一个关键信息，因为他离开了以往的生活，失去了以前的一切。孩子们，这句话太重要了。我们突然来到一个陌生的环境，过上陌生的生活，这一切都是那么陌生，"我"可能就会变得和以前不一样。这个变化就是《孤独之旅》呈现给我们的，还有没有人来说说孤独体现在哪些地方？

生：我觉得孤独体现在他到了一个陌生的环境后，没有学可以上，也没有朋友相伴，只能和一群鸭子和父亲相依为命。在这里，他和父亲除了必要的对话外，很少交流，有时候甚至直接用眼神来交流，我觉得这就是孤独。

师：很少交流，就是一种孤独。此时此刻，只有父亲，是家吗？

生：不是。因为离开了母亲，离开了伙伴们，就是离开了自

己的家。

师：可不可以回去？

生（齐）：不能。

师：此时可谓无家可回。同时，他离开了朋友，离开了老师，也就是无人可说。和父亲交流也不知道说什么，有时候眼神就代替了一切，这就是无话可讲。从无家可回到无人可说、无话可讲，有点孤独的味道了。但这还不够，我们继续阅读小说。回到《孤独之旅》，老师把情节梳理成了四个板块。请同学们快速浏览课文，完成填空。

屏显：

（　　）—苇荡放鸭，忍受孤独—（　　）—鸭子下蛋，重燃希望

生：我觉得第一个空可以填"家庭变故，迷茫前行"，第三个空填"暴雨来临，寻找鸭子"。

生：我觉得第一个空应当是"失学放鸭，感到无奈"。

师：我们要学会梳理和准确概括。家道中落是变化的原因，失学是前期结果，放鸭是概述这个事件，无奈揭示了他此时的心态。显然，大家受到了我提示的限制，都是四个字来概括。不过，说明了大家善于观察，并且这样概括也有它的好处：比较凝练，符合前后的对称。这也是一种思维训练和概括训练。

生：第三个空我填的是"暴风雨中，寻找鸭子"。"我"经历了在暴风雨中寻找鸭子这件事，我长大了。人总要经历一些风雨，才会成长。

师：人啊，总要经历一些风雨，才能成长。你不仅看到了现实中的风雨，还看到了成长中的风雨。谢谢你！

屏显：

家道中落，被迫放鸭—苇荡放鸭，忍受孤独—暴风雨中，独自找鸭—鸭子下蛋，重燃希望

师：其实，同学们概括得很好，不必受我的限制。大家发现故事情节有什么特点？

生：主人公的经历都和鸭子有关。

（师板书：鸭子）

师：不要鸭子行不行？

生（齐）：不行。

师：同学们，还有什么特点？

生：我看出情节有起伏，人物有变化。

师：情节起伏跌宕，你有一双慧眼！我们一起读一读曹文轩说的这句话。

屏显：（生齐读）

人物形象的塑造，在故事情节的斗转，陡然急转和摇摆不定当中塑造。

——曹文轩

三、细读人物话语，品味"情节斗转"的精妙

师：好，刚才我们反复说到在孤独中，人物语言会被大量压缩，甚至无话可说。这篇文章有四千来字，其中杜小康的语言特别少，有几句话？

生：（小声）四句。

师：全文杜小康只说了四句话，哪四句？

生：第一句是"我不放鸭了，我要上岸回家……"。第二句是"我要回家……"。在中间部分，鸭群走散后，他说"还是分头去找吧"。最后结尾还有一句话，他惊喜地发现了蛋，叫道："蛋！爸！鸭蛋！鸭下蛋了！"

师：好，谢谢你！杜小康仅说了这四句话。请说说这四句话的妙处。

生：这四句在文章结构上很有特点。在开头的时候出现了一句，情节发展时有一句，找鸭子的时候应该是情节的高潮时出现

了一句，最后看见鸭下蛋，可以说是文章的结局。

师：谢谢！我们发现这四句话恰恰处于《孤独之旅》情节中的四个阶段：开端、发展、高潮和结局。有意思的四句话，请大家从第一句开始说说。

生：第一句是在去放鸭的路上，他对前行的路感到很迷茫，很害怕，所以他想要回家，想回家上学。

师：此时，你看到了一个什么样的杜小康？

生：还没有成长，处于懵懂时期的杜小康，对未来充满恐惧和迷茫。

师：概括得很准确。那假如让你现在离开教室，出去放鸭，你会怎么样？

生：我也会迷茫，嗨，我也不乐意。

（生笑）

师：是啊，假如我是杜小康，我也会迷茫。有时候，迷茫也是我们成长的一种状态。比如在学习中我们偶尔也会迷茫。来，让我们读出稚嫩和无奈。

（生齐读）

师：书中的杜小康，一直是这样的状态吗？

生：不是，我认为杜小康以前是桀骜不驯的。因为他们家很有钱嘛，他有点骄傲自大。

师：有钱容易自大，这是一种观点。他家很有钱，书中是怎么形容的？

生：其他都是草房子，只有这一家是小青瓦小青砖。

生：他家还有两扇大大的红门，亮得简直能够照得见人的影子。

师：现在明白"红门"的意思了吧？

（生点头）

生：其他人一年四季只有两套衣服，他却有很多衣服可

230

以换。

　　生：只有他才拥有一条油汪汪的皮带和一辆令人羡慕的自行车。

　　……

　　师：这样的杜小康居然要去放鸭，这个情节让我们有点意外。当时的杜小康几乎不知道什么叫作放鸭，更不知道什么叫孤独。现在却不得不面对，所以他说了这第一句话。来，我们一起再来读一读这句话。

　　（生齐读）

　　师：显然，我们是不会去放鸭的。小说，就是一种虚构的人生，我们要进入语言文字当中去体验这种人生。上课伊始，我就说我们要走近一点，再走近一点，去看见这个孩子，去听见他的心声，和他一起经历和成长，这就是小说阅读。请大家想一想，有这样一个孩子，他的条件原本是当地最好的，因为家里突生变故，他必须要去放鸭，他会怎么说？

　　生：我不去放鸭了，我要上岸回家。（生微笑着，读得很轻松）

　　师：好，那你就回吧。

　　（众笑）

　　师：如果他要回就能回，小说还怎么推进？但有时候生活就是这样，不仅有狂风，有暴雨，还有更多你无法预料的折磨。请回到文中，再体会体会。

　　生："我不去放鸭了，我要上岸回家……"

　　师："我要/上岸/回家"，这个停顿挺有意思的。

　　生：心情不好，读慢一些，我还想强调那个"回家"。

　　师：有停顿，有重音，有情感。

　　师：那第二句话又是在什么情况下说的？

　　生：在他们对话越来越少的时候，他开始越来越想家。

生：我觉得是在非常孤独的状态下。跟父亲之间也没有什么话题，就感觉离以前的生活越来越远，越来越孤独。

师：能不能再回到文本中，具体说说这一句话是在什么状态下说的？

生：在到达芦苇滩的时候，感觉离家越来越远了。

师：好，还有补充吗？

生：在杜小康跟父亲已经没有话题后，他开始想家，会在夜里做梦，梦到母亲，然后就哭着对父亲说了这句话。

师：对，读小说，就是从小处读起，没有关注细节的阅读者不是一个好的阅读者。抓住关键词：梦中哭，梦中喊，梦中想。日有所思，夜有所梦。我们有没有这样的经历呢？

生：小时候我在老家时，想我妈妈，也是这样的。杜小康在梦中哭醒，说明他是特别特别特别地想家。

生：有一次我中午午休时，突然从床上坐起来，问我妈妈："为什么还不叫我，已经要迟到了。"可一看闹钟，还没到上课的时间，就突然惊醒了。

（同学们笑）

师：你是学习委员？哦，语文课代表。你看，喜欢语文的人就是热爱学习的人！（师生掌声）我小的时候也有这样的经历，就是要过生日时，我爸妈承诺给我买一个玩具车。在生日的前一天晚上，我做梦都梦见了我的车子，还在梦里喊出了声。一个孩子，连回家的权利都被剥夺了，他怎不日思夜想？怎不感到孤独？小说到此，给我们一种极大的震撼。来，我们一起来再读一读这句话。

（生齐读"我要回家……"）

师：同学们还是没有读出那种孤独感。我们设想一下，晚上，在无边无际的苇荡中，在无边无际的孤独中，你一觉醒来，黑暗之中，发现自己早已远离了那熟悉的故乡和朋友，身处于这

样一个陌生又荒凉的地方。来，我们读一读。

（生齐读，声音低沉而悲伤）

师：好，我听到大家的呼唤了。但是能不能回家？（生齐）不能。接下来情节会如何发展？且看第三句话，它又是在什么时候说的？

生：鸭子丢失在暴风雨当中，去找鸭的时候说的。

生：我补充一下。爸爸说："你就在这里待着吧，让我去找。"但是杜小康说："还是分头去找吧。"

师：这个补充很关键。在无边的苇荡和恶劣的环境中找鸭，应当是大人的事，他还只是一个小孩子呀！他此时的话语应当是："爸爸，我怕，我要回家！"你看，前面两处他就是反复地说"我要回家""我要回家"，这个时候也应该是我要回家呀。

生：这个时候他的内心已经发生了变化，他变得更加坚强，知道为爸爸分担，也知道自己的责任了。

师：这个变化是潜移默化的，是静寂无声的，也是十分巧妙的，那个声音也是发自人物内心的声音。出现这种情况时，如果无动于衷，只知道哭，那可能自己都要恨自己了。来，读一读。

生（齐）：还是分头去找吧。

师：读出了成长的味道啦。最后一句话，谁来读一读。

生："蛋！爸！鸭蛋！鸭下蛋了！"

师："爸下蛋了？"（全班大笑）在这里，要注意每一个字，注意语序，注意标点。那他为什么会这样说？为何不说成"爸爸，我们的鸭子下蛋了！"

生：（议论）是他太激动了吧。

师：来，谁来说说。

生：我觉得他太高兴了，有些语无伦次。

师：太高兴了，就可以乱说？

生：不对，不是语无伦次，而是激动兴奋，所以都是短句。

师：太棒了，第一个最精彩的发现，在激动兴奋或者异常紧张的时候，一般都使用短句，才能表现此时的心情，刻画出此时的状态。语序如何？在暴风雨后，他看见了鸭蛋，他第一个喊的应该是什么？

生（齐）：第一个喊爸。

师：（夸张）暴风雨过后，他爸一下子就出现了？

（全班哄堂大笑）

生：我觉得是"蛋"，因为鸭子下蛋了，就说明鸭子长大了，我们在苇荡放鸭有成果了。

师：为什么会对蛋有如此深沉的情感？

生：因为有了蛋就代表有了希望，就可以回家读书了。

师：对，蛋就是"我"的希望，是"我"的梦想。因为爸爸告诉"我"，有了鸭蛋之后"我"就可以回家上学啦。所以说，蛋不仅仅是蛋，还是（生齐）希望。早晨你起来，妈妈给你煮了一个蛋，"唉，别慌走啊，你还有蛋没吃呀！"你是什么反应？"好烦哦，又是蛋！我不想吃。"（生乐，频频点头。）这里的蛋就不是希望，所以读小说时，我们要从小处着手，体会小说里的生活。请接着分析。

生：看见蛋后，发出感叹"蛋"！然后就喊"爸"。

师：对了，这是在用激动的语气和神情传递着幸福和喜悦。

生：喊了爸爸后，要告诉爸爸，这是鸭蛋，这是鸭下蛋了！

师：是啊，表面看语无伦次，实则合乎情理，也合乎逻辑。再读读。

生：（声音洪亮，情绪激动）蛋！爸！鸭蛋，鸭下蛋了！

（师生掌声）

师：结合故事情节，我们还要去体会那种孤独的郁结，孤独的压抑，成长的艰难和看到希望后的重生。这里的人物话语，也是一波三折，非常有意思！这也是蒙月凤和另外几个同学提出来

的问题：他为何说话语无伦次，还会流下眼泪？

生：因为他太激动了，留下的是激动的、幸福的眼泪。

师：在晶莹的泪光中，我们看到杜小康战胜了孤独。好的小说，字字传神，一字不宜忽，每一个字都是那么惊艳，那么经典，真是"言为心声"啊！

屏显：

我不去放鸭了，我要上岸回家……

我要回家……　　　　　　言为心声

还是分头去找吧。每句话的背后站立着一个怎样的杜小康？

蛋！爸！鸭蛋！鸭下蛋了！

师：每一句话的背后都站立着一个怎样的杜小康呢？我们品读出来了。杜小康的孤独之旅其实就是杜小康的——

生（齐）：成长之旅。

师：要描绘孤独与成长，真不简单。让我们来读一读福楼拜的这句话。

屏显：

创作每一个人物，我们不能忽略的，是他的语言……

——居斯塔夫·福楼拜

（生齐读）

四、从"这一篇"到"这一章"再到"这一本"

师：现在我们回到《红门》。从这一篇文章回到《红门》的两章内容，概括情节发展的主要转折点。

屏显：

家底厚实，骄傲清高—家道中落，被迫放鸭—苇荡放鸭，忍受孤独—暴风雨中，独自找鸭—鸭子下蛋，重燃希望—（　　）—（　　）

生：他们找到鸭后又燃起了希望，但这时又来了个转折。就是他们的鸭子钻进了当地渔民的池塘里，把人家的鱼苗都吃光了。然后渔民就把他们所有的鸭子都扣了下来，还扣了他们的船，他们只能灰溜溜地回去了。

师：他爸，怎么样？

生：他爸完全崩溃了。本来觉得希望已经燃起来了，却一下跌入了谷底。很悲伤，很绝望。

师：如何概括？

生：鸭群被扣，陷入绝望。

屏显：

家底厚实，骄傲清高—家道中落，被迫放鸭—苇荡放鸭，忍受孤独—暴风雨中，独自找鸭—鸭子下蛋，重燃希望—鸭群被扣，陷入绝望

师：那这个时候的杜小康呢？

生：杜小康也很失望。本来已经有希望了，觉得我可以回去读书了，没想到会发生这样的事。

师：杜小康一直绝望下去？

生：没有。他决定回去以后去卖东西，自己进货去卖。

师：关键是在哪个地方卖？

生：在学校门口，这里会碰见老师和同学。

师：他回到家居然不是去读书，而是去卖东西。假如换作我们，大家愿意吗？

生（齐）：不愿意！

师：都不愿意。谁来概括一下最后的故事情节。

生：他在学校门口摆摊，能坦然地面对老师和同学。

屏显：

家底厚实，骄傲清高—家道中落，备受打击—苇荡放鸭，忍受孤独—暴风雨中，独自找鸭—鸭子下蛋，重燃希望—鸭群被扣，陷入绝望—校门摆摊，独立坦然

师：纵观整个《红门》的情节，我们可以用一个什么词来形

容杜家的遭遇？

生：一波三折，充满了挫折和困难。

师：概括得很好！这就是文章的"拐角"。我们读一读曹文轩说的这句话。

屏显：（生齐读）

要看"好风景"就到"拐角处"。

——曹文轩

师：正因为人生有了这么多拐角，才会有期待，才会有风景，才会有成长。歌德也说过一句话，讲的是人生成长的智慧。每一个折磨人的好故事都有拐角，这就是小说写作的智慧。

屏显：

每一个好故事都会折磨人。

——许荣哲

师：不管是好的故事还是好的小说语言，都需要——（生齐）拐角。

师：拐角就是波折。人的一生充满了波折，而波折就是生活的原貌，就是小说的艺术。让我们回到整本书里面，看看其他的孩子还经历了哪些波折。

生：我想分享的是秃鹤。他从小头就秃了，其他孩子都要笑他，连大人们也欺负他。后来他戴上了一顶白帽子，大家又来捉弄他，桑桑带领几个孩子把他的帽子抢走了，秃鹤很生气，到桑桑家闹，最后在桑桑母亲的安慰下才平息这场风波。在会操的时候，蒋一轮老师也不让他参加。后来他们要演话剧，找不到人扮演秃头，秃鹤主动跟老师提出他想尝试一下，老师同意了。最后演出很成功，秃鹤却在结束演出后独自到了一个偏僻的地方，在那里哭泣。

师：因为身体缺陷而导致孤独。在会操比赛中，蒋一轮老师不让他参加，他是怎么做的？

生：他用自己的方式来报复：在会操比赛快要结束的时候，他把帽子丢向空中，然后大家都开始哄笑，会操比赛也搞砸了。

师：大家笑得东倒西歪。谢谢你，你是认真地阅读了《草房子》。你看，有转折，人物才会呈现孤独；有转折，人物才会体验到新的情感；有转折，人物的言行才会发生变化；有转折，小说的推进才会合情合理。既在意料之外，又在情理之中。秃鹤就是这样成长的。还有吗？

生：我想说的是细马。邱二爷家很富裕，可是没有孩子，于是细马来了，邱二爷很高兴。可是细马听不懂当地人的语言，听不懂老师说话，也不能和同学对话，很孤独。邱二爷对他很好，可是他的学习太差了，只能辍学去放羊。邱二妈待他不好，他暗自准备回家。后来邱二爷去世，他们家还遭受了洪灾，他才慢慢成长起来，找回邱二妈，并承担起整个家庭的重任。

师：好，谢谢你。因为语言不通被抛弃在这个世界上。他不断地想回家，可是最后为什么又不回家了呢？这也是我们同学提出的疑惑。为什么呢？

生：因为邱二爷去世了。最爱他的邱二爷去世了，他决定留下来。

师：这就是人生的"拐角"，小说到这里之后情节开始发生斗转。

生：桑桑最开始是无忧无虑的、天真快乐的。后来也发生了斗转，因为他患了重病几乎死去，桑桑也经历了病痛的折磨，经历了死亡的威胁，经历了难以形容的孤独。最让人感动的是，桑桑在病危时，还满足了妹妹的愿望。

生：我要说纸月，她一直都是孤独的。一生下来便不知生父是谁，母亲也很快去世了，被人嘲笑，被人奚落，可她的成绩最好，字迹最漂亮，也得到了老师和同学们的关心和帮助，最后她要离开时，对桑桑也是依依不舍的。

师：在孤独中成长，在孤独中学会关心他人。是啊！人生的每一次选择，每一次变化，都在"拐角"之中。孩子们，人生充满了波折，小说也充满了波折。小说呈现的就是另一种人生，我们可以从小说中读出人生的智慧。在小说中，每一个孩子都经历了孤独，历经着波折，这也是《草房子》的永恒魅力。

（生齐读）

师：同学们，不要逃避孤独，人的生命中总是充满了孤独，人也总是在孤独中得以成长，曹文轩的小说中大量地描写了这种孤独。

屏显：

葵花很孤独，是那种一只鸟拥有万里天空却看不见另外一只鸟的孤独。

——曹文轩《青铜葵花》，江苏少年儿童出版社，第 2 页

青铜很孤独。一只鸟独自拥有天空的孤独，一条鱼独自拥有大河的孤独，一匹马独自拥有草原的孤独。

——曹文轩《青铜葵花》，江苏少年儿童出版社，第 25 页

孤独有时会像一群野兽在追赶着她。

——曹文轩《蜻蜓眼》，江苏凤凰少年儿童出版社，第 143 页

师：同学们，小说深阅读，从小处读起。我们这节课的重心，就是读出小说的波折，读出成长的波折。最后，让我们来做一道填空题，考查一下同学们对小说细节的关注情况。

屏显：

校门外的杜小康，正在冬季的第一场雪中，（　　　）地坐在树下。桑乔对另外几个也在廊下望着杜小康的老师说："日后，油麻地（　　　）的孩子，也许就是杜小康。"

（　　　）的月光照着大河，照着油麻地小学的师生们，也照着世界上（　　　）的一个少年。

夕阳正将余晖反射到天上，把站在砖堆顶上的细马映成了一

239

个细长条儿。余晖与红砖的颜色（　　）在一起，将细马染成
（　　）的土红色……

桑桑的耳边，是鸽羽划过空气时发出的（　　）的声响。他的眼前不住地闪现着（　　）一样的白光。

生：第一句话的第一处是填"自信地"吧，第二处，我记得是"最有出息"，因为桑乔校长觉得他长大了。

师：校门外杜小康正在冬季的第一场雪中，他在那里摆摊，他应该是怎样地坐在树下？什么词更好？再思考一下。

生："稳稳地"坐，他战胜了孤独，战胜了羞涩。

师：是啊，"最有出息"的孩子也许就是杜小康。"稳稳地"坐更能体现心理的沉稳和人物的状态，小说创作，不仅要靠情节，还要靠语言。

屏显：（生齐读）

校门外的杜小康，正在冬季的第一场雪中，（稳稳）地坐在树下。桑乔对另外几个也在廊下望着杜小康的老师说："日后，油麻地（最有出息）的孩子，也许就是杜小康。"

师：当秃鹤在独自地哭泣的时候，有什么样的月光？

生：是皎洁的月光，皎洁的月光才能描绘孩子们纯净的心灵。

师：这个时候，这个秃头，他丑吗？

生：不丑，他应当是最英俊、最帅气的少年。

屏显：（生齐读）

（皎洁）的月光照着大河，照着油麻地小学的师生们，也照着世界上（最英俊）的一个少年。

师：我们再来看看细马，战胜了孤独之后，成了这个家庭的顶梁柱。红砖拉回来就是要建一个新的家，余晖和红砖的颜色什么在一起？

生："融"在一起，后面一处应该要填比较浓的色彩。

生：老师，我记得，就是"浓浓的"土红色。

师：砖，是坚硬的；红，是它的底色。这种坚强的底色，和后来长大的细马何其相似。在夕阳余晖中的细马，已被生活融化和升华，这也是小说中浓墨重彩的一笔。

屏显：（生齐读）

夕阳正将余晖反射到天上，把站在砖堆顶上的细马映成了一个细长条儿。余晖与红砖的颜色（融）在一起，将细马染成（浓浓的）土红色……

师：桑桑最后终于战胜了死亡。经历了死亡的威胁，经历了常人难以想象的孤独后，鸽群发出了什么样的声响？

（生答不上）

师：好好想想。一个要死的人，他居然不死了，他会觉得那声音——

生："好听"的声响。

师：最后一处有点难度，是"金属"一样的白光，有了金属的质地与美感，有了金属的光辉与色彩。

桑桑的耳边，是鸽羽划过空气时发出的（好听的）声响。他的眼前不住地闪现着（金属）一样的白光。

师：孩子们，今天我们就学到这里，以后大家再好好读读《草房子》。有人说，读小说就是读社会，读人生。"好书不厌百回读"，越读，就会越喜欢，就会有新的发现，如《草房子》中鸭子、帽子、鸽子等小物件的作用，同样妙不可言。好，下课。

我的好友点评

再说《孤独之旅》

点评：史绍典[1]

之所以说"再说"，是在十多年前，已经说过；这里是因为刘勇教学过该文（见《〈孤独之旅〉课堂实录》）后，让我评析一下，这就有了"再说"。

刘勇，忘年交也。他工作的学校（成都市双流棠湖中学外语实验学校）我去过多次，听过他的课，也几次撰文评点他的课堂教学。《〈孤独之旅〉课堂实录》反映出来的他的教学，从教学的实施、过程的推进、重点的拿捏、节奏的把控，都有不俗的表现。

我今天来说他的课，可能要从另外一个角度展开了。

（一）

这就要从"再说"之前的"说"讲起。十多年前（大约2003年），"新课程"推进，人教社在成都举办全国研讨会，安排了成都老师教学《孤独之旅》，主办方请我点评。

点评引发反响。过后，我撰写文章《不让阅读成为"孤独"》，刊登在《中学语文教学》2004 年第 1 期上。

文中，我谈了对《孤独之旅》的意见，写道：

《孤独之旅》，曹文轩教授敷衍的一个少年在'孤独'的牧鸭生活中成长的故事。

孤独，很大程度上是对人心灵的一种惩创。孤，独也（《广雅·释诂三》），孤与独互释。百姓有不理者如豪末，则虽孤独鳏

---

① 中国教育学会中学语文教学专业委员会副理事长，著名特级教师，湖北省教学研究室原副主任。

寡必不加焉（《荀子·王霸》），这里说的是幼而无父和老而无子。孤独，还有其他的义项，如：孤立无所依附；独自一个人、孤单；不合群，不喜欢跟人来往；等等。无论是哪一种解说，都是人所难以承受、难以忍耐的情感之痛。

但曹教授却让一个名叫杜小康的少年承受了，而且还让他在这种承受中成长起来。

"油麻地家底最厚实的一户人家，就是杜小康家，但它竟在一天早上，忽然一落千丈，跌落到了另一番境地里，杜家的独生子杜小康失学了，只好跟着父亲去放鸭。"

故事就在这样的背景下开始了。

在一场暴风雨过后，"杜小康顺手抠了几根白嫩的芦苇根，在嘴里嚼着，望着异乡的天空，心中不免又想起母亲，想起了许多油麻地的孩子。但他没有哭。他觉得自己突然地长大了，坚强了"。

由"忽然"跌落孤独，到'突然'长大坚强，杜小康经历了他的"孤独之旅"。

这个故事入选新课标语文教材九年级上册。这是一篇 4500 字左右（计空格）的长文。人教社的编者意图让我们的学生感受杜小康的这种在孤独中的"长大"。

难为了我们的学生，也难为了我们的老师。以我们现在年轻的老师、少不更事的学生，距孤独情感的距离之远、落差之大，在短短的一个课时的时间里，如何去感受、体会、体验这样的一种"孤独"情感？这是文本资源自身的问题，不作展开讨论。

当然，我这里没有把"孤独"作为一种生活情态、生存境界、品行操守来对待，而只是作为一种伦理上的状况、心理上的苦况来讨论。

（二）

今天，就要来讨论《孤独之旅》文本本身了。

《孤独之旅》，刘勇说情节斗转："孤独"的最好注脚。

是的，情节斗转，似乎诠释了"孤独"。但这里还有一个要命的节点，即"孤独"中的"成长"。

刘勇在课堂上梳理出来的"情节"：

"家道中落，被迫放鸭—苇荡放鸭，忍受孤独—暴风雨中，独自找鸭—鸭子下蛋，重燃希望。"

细读文本，这些所谓的"情节斗转"，实际上并无多大的叙事上的跌宕，而只是演绎了一个"放鸭"过程。

比如"家道中落，被迫放鸭"。首先，"家道中落"，能用在杜小康家吗？家道中落，有一个家境由盛到衰的渐进过程，如鲁迅家道中落，那是从"小康人家而坠入困顿"。杜小康家呢？他家是在一天早上"忽然一落千丈，跌落到了另一番境地里"，是家境突遭变故。

这不是"情节斗转"，它只是交代了事情的"起因"。

而就是这个"起因"，也还有悬疑："一天早上"的"跌落"是何缘故？甚至还导致了"独生子杜小康失学，只好跟着父亲去放鸭"？这似乎于一般情理不合！

选择放鸭作为杜小康"成长"的背景，我持怀疑态度。

杜小康在哪儿成长了？

刘勇的教学，我们便捷地获得文中杜小康仅有的四句话。这与四处情节对应的杜小康的四句话是"我不去放鸭了，我要上岸回家""我要回家""还是分头去找吧""蛋！爸！鸭蛋！鸭下蛋了"。四句话凸显的是杜小康当时境况下的情绪，这种情绪用两个字便可以概括——抵触。杜小康对他所处"孤独"环境，是抵触的。

有人主动选择"孤独"，如布鲁姆。他说：善于读书是孤独，是可以提供给你的最大乐趣之一，因为，至少就我的经验而言，它是各种乐趣中最具治疗作用的。我的阅读，是作为一种孤独的

习惯，而不是作为一项教育事业。

布鲁姆是将孤独的人生境遇中的阅读作为疗伤的抚慰。则孤独的意义和价值正在于，它提供了孤独人生境遇下，通过阅读，获取继续生存下去的激励和心灵压力的纾解。这成了布鲁姆的人生乐趣，甚或人生追求。

当然，布鲁姆的"孤独"，是高尚的精神活动。而一个人的"孤独"（孤独中的成长），不可能没有精神的超越呀。

杜小康的"孤独"，则无疑显得粗糙！

仅以事件"起因"为例。杜小康是"忽然""跌落""失学""放鸭"。"忽然"谓之急，"跌落"谓之惨，"失学"谓之困，"放鸭"谓之苦。诸种状况，皆因"一落千丈"而来。让一个孩子承担不应有的家庭变故，是监护人"父亲"的责任。所以，杜小康一开始就是被迫的、无奈的、抵触的。而他即将面对的，则是异地、湖水、鸭群，以及天空、暴风雨，没有心灵的抚慰、亲人的慰藉、精神的支撑，只有异地的生疏、无边的寂寥、莫名的恐惧，杜小康如何"成长"得起来！

放鸭过程中，一段一段的时空转换、拼接，异乡景物、环境变更、天气无常，所反映出来的杜小康，只是无辜、无奈和无助，遑论成长！

杜小康的坚强和长大，纯属臆想。

（三）

若放在实际的语文教学中，可让学生得到检验。

这里可以参照建构主义学习了。建构主义学习理论认为，知识是学习者在一定的情境中，主动建构而获得的；是根据自己的经验背景，对外部信息进行主动选择、加工和处理，从而获得意义建构的过程。"情境""协作""会话"和"意义建构"是学习环境中的四大要素。"情境"是顺利建构的基础，"协作"与"会话"是在一定的"情境"中展开的，"意义建构"也是在此"情

245

境"中完成的。基于真实情境的教学指的是创设与学生生活环境、知识背景相关的、有社会现实意义的真实的情境，来呈现教学任务，让学生在观察、推理、交流、反思等活动中逐渐体会。

我们试把"忽然""跌落""失学""放鸭"作为"真实情境"，摆在孩子们面前，让他们走进，如何？

设想，学生在这样的"真实情境"中，通过"协作"，会生成"对话"，完成"意义建构"吗？或者，他们会接受这种"孤独"并"成长"吗？

我们可以捋一下。站在学生（我）的角度，极有可能会生发这样一些问题：

1. 家庭突遭变故，我会失学吗？会去放鸭吗？

2. 我会与爸爸抗争吗？

3. 我的爸爸也会像杜小康的爸爸杜雍和一样吗？

4. 我能面对杜小康放鸭中的"害怕"吗？

5. 我能忍受没有家乡、没有亲人、没有伙伴、没有言语的"孤独"吗？

6. 我能忍受一天天地重复不可变更的"孤独"吗？

7. 我能在那样的"异乡的天空"，在想起妈妈、想起小伙伴时，突然"长大""坚强"吗？

这当中，有学生个人体验情境、社会生活情境、学科认知情境等。孩子们在这样的情境中，会有怎样的感受？恐怕对于每个学生，都会是很重要的人生体验（而不是一味迎合文本，空洞地言说杜小康的"成长"）。

若撇开这样的"真实情境"，则学生只会是"隔岸观火"，即如杜小康也只是无关痛痒。而一旦进入"真实情境"中，学生就成了其中的一员。他们会实打实地考量自己，在那样的情境中，我会不会"成长"起来？

这里"真实情境"的"真实",并非针对当下或学生个体而言。而是针对虚拟世界而言,相当于"生活世界"。"真实情境"指的就是情境中的"真实任务"。即要求学生在"做真事""真做事"中学习。

(四)

还有,"鸭们也长大了,长成了真正的鸭",在鸭们长得飞快的"磨难"中,杜小康也"长大""坚强"了。

杜小康与鸭们同"长大",这还真有点匪夷所思。

其实,真正的放鸭,是一门技术,我一个表弟学过放鸭。学放鸭,得拜师,师傅又称"鸭拐子","鸭拐子"就是"鸭老大",敝地方言称老大曰拐子。鸭拐子除有放鸭技术外,他还有自己的一方水域,不是如《孤独之旅》中,任何放鸭人都可随便进入任何水域。徒弟出师自立门户,还需时时向鸭拐子进贡鸭蛋和肥鸭。

说这段话,是说,鸭们不是凭空长大的。"鸭们长大",一靠好的放鸭人(技术),二靠好的水域(环境)。断不是"鸭们"自我战胜"孤独"后的结果。

这就跟杜小康有本质的不同了。

那么,杜小康能在鸭们长大的启示中,获得成长吗?这就又是一个问题了。

20世纪50年代,看过一部匈牙利电影《牧鹅少年马季》,少年马季和他的老母亲过着孤苦的生活,但他盼望自由、幸福。他希望通过"牧鹅"改变自己。即是说,牧鹅少年马季,不是将鹅的长肥、长大,作为自己成长的"参照",而是希图依托卖掉肥鹅,去念书,去改变。但在集市上,遭到财主杰勃列吉的掠夺并毒打,鹅被抢走。马季发誓报仇(回打仇家三次)。接下来便是马季三次回打杰勃列吉的故事。故事跌宕、传奇,略有喜剧色彩。牧鹅,对于马季,只是一个引子,尤"起兴"。

而《孤独之旅》中的放鸭，则成了杜小康长大的参照、标志。

文中还有一处细节，是说杜小康的"坚强"。文章说，先天杜小康在暴风雨中找鸭，被"头年的芦苇旧茬儿戳破了他的脚"，"第二天早晨，杜雍和找到了杜小康。……杜小康的一只脚板底，还在一滴一滴地流血，血滴在草上，滴在父亲的脚印里，也滴在跟在他们身后的那群鸭的羽毛上……"这血可是流了整整一夜啊！杜小康再怎么"坚强"，怕也要"失血过多"而遭不测了（这是最简单的医学知识）……

还要说，杜小康式的虚空"成长"，一如禅宗似的顿悟；而鸭子下蛋，则似当头一棒的"棒喝"，他简直立马给杜小康带来醍醐灌顶的觉醒？那么，是鸭子下蛋带给了杜小康失学的补救，还是从鸭子下蛋中获得了某种启示？不得而知。鸭子下蛋，也只是如种瓜得瓜种豆得豆一样，似乎并无多大玄机啊。

（五）

再说说刘勇。

刘勇是很成熟的语文老师了。从青年教师到特级教师，我欣喜于他的快速成长。

《〈孤独之旅〉课堂实录》是刘勇在"全国前沿课堂暨深度学习教学研讨会"上教学的成果，当时，面对的是广西南宁二中的学生。我们可以看出刘勇的自信、沉稳，以及"调度"课堂的游刃有余。

我佩服他在大容量教学状况下的驾轻就熟。他从《草房子》起讲，进入《孤独之旅》本体，复从《孤独之旅》所在的《草房子》之《红门》章，再回到《草房子》，完成"从'这一篇'到'这一章'再到'这一本'"的"操作"（由单篇文到整本书）。应该说，这是一种由微观梳理到宏观架构的掌控。

还有，对语言的敏感。杜小康在文中的四句话，可谓微不足

道，但他引导学生发掘出来，细细咂摸，慢慢品味，丝丝入扣。实在是有了一个语文老师应有的看家本领！

今天借刘勇的课，较多地谈了课堂教学的凭借（文本）的一些解释意见，似乎也不太离题。从单篇到整本书的导读，需要这样的教学智慧。

唯愿刘勇，百尺竿头，更进一步。

后　记

一

以梦为马，以书为翼，师生读写齐飞。

——我的教育箴言和教育追求

每逢过年，总会收到学生的祝福卡片。

杨晓天：干净的年华里，你永远微笑着，那笑容如此澄澈，是一张亲切的娃娃脸！像阳光一般微笑，像春雨一般浸润，时刻温暖着我们每个同学的心……

刘科贝：我们不用炫耀语言的华丽，因为快乐是最美的老师。快乐的心，快乐的你，快乐的语文，快乐的老顽童……

有时，就这样静静地看着这些卡片，衬着窗外阳光的色调，暖暖的回忆里已溢满幸福的味道。

刚刚毕业的 2015 级 4 班的几位孩子，李雨佳、陈雅然、何美瑾、赵宇馨、邹滨励，她们以接龙的方式写过一篇很有意思的文章：

我们可爱的刘老师

51 颗期待的心，织出了一张巨大的、寂静的网。直到，透过那扇小小的门，看到走廊转角处一个高高的、胖胖的身影，全班立即挺直了背，当他的脚跨入教室的瞬间，一阵掌声便热烈地

迸发着，因为他"所到之处，皆有掌声"。

他，就是我们可爱的、心宽体胖的刘老师。我是很乐意把他的课堂比作一座园林的，其满腹的知识及对每一课的深刻理解为园内植物的生长提供沃土，再用自己丰厚的见解、独到的点评为植物浇水施肥，最后以幽默智慧的语句点缀上两三株鲜艳的花，而他本人，便是这园林里幸福而自得的园丁。

讲台，是他的江山。他指点风云，仿佛一个极度入戏的演员，忘情地投入其中，或叉腰斜腕，或摇头晃脑。在这所有动作中，最具神采的莫过于他的"笑"了。有时，头微仰天，"哈哈哈"地大笑，眉梢也舞动起来；有时，嘴角轻咧，"呵呵呵"地傻笑，眼神中充满了欢脱与俏皮，似已不是中年，而是一个朝气蓬勃的青年人。

他说他的"男神"是苏东坡，便鼓动我们寒假去看话剧《苏东坡传》。"我订的是第一天的票，不想和我偶遇的，那……就订第二天的，哦……"他用他那略带内江口音的语气来念最后一个"哦"字，那叫一个"抑扬顿挫""百转千回"，意味深长。结果，假期回校后，刘老又说："有没有人去看话剧的？有啊……那怎么我没有遇见嘞？第二天去的？哎……真不想和我来场邂逅呀！刘老好伤心……"下面的我们早已笑成一团。他自己也写了一篇观后感，深厚的文化底蕴，配上丰富灵活的肢体语言，一下便攫住我们的心。

刘老之所以为刘老，不仅仅是幽默，他真正吸引人的地方是对于课堂艺术的追求，对于思考的执着，以及对学术的严苛。除去"特级教师"的光环，他留下的是一个闪着智慧光芒的灵魂。某一次看到刘老发的朋友圈，几张风景图配上一段文字或一首诗，立即意义非凡，实在令人佩服。

憨态可掬的"大熊老师"还有体贴细心的一面，他会用一个星期仔细看完每位同学的寒假作业，别出心裁地评讲，还特地带来家乡的特产，不仅折服了我们的胃，更折服了我们的心。他经常带领我们阅读课外书籍和文章，分享感动他的片段，让感动在分享中传递。最后，感动我们的不仅是文字，也有刘老本身的魅力。他还会在初三期末考试前让我们表演戏剧……这就是我们的语文课！

都说"好看的皮囊千篇一律，有趣的灵魂万里挑一"，刘老师就拥有那有趣的灵魂，和他一起的每一天都很阳光，都很快乐。因为，一切都刚刚好。

二

我经常说，要感谢学校，学校是我的舞台！要感谢学生，学生是我的铜镜！要感谢朋友，朋友是我的靠山！要感谢家人，家人是我的港湾！要感谢师傅，师傅是我的明灯……

双流棠湖中学、成都棠湖外国语学校，十七年的信任与培养，近廿载的奋斗与成长，所有的点点滴滴早已浸透在骨子里，流淌在血液中。领导们的关怀、语文组的切磋、同事们的支持，都让学校成为我教育生涯中的福地和教学研究上的沃土。老校长黄光成先生，全国劳模、全国五一劳动奖章获得者，两次受邀进京参加国庆观礼，在生病及百忙之中经常关心和指导我的发展，一回忆就心潮难平。初中部姚平校长，从棠中到棠外，一路走来，像明灯一样照亮我的工作和思想，成为我事业上与生活上的榜样……太多太多的人，太多太多的事，就恨我这拙笔写不出其中之一二，感谢你们，我生命中的重要他人！

在我的一生中，家人给了我最温暖的情感支持，学生给了我最有力的心灵回应，学校给了我最有效的研究平台，特别是师傅和朋友们，是你们，给了我最强大的学术指导和引领，甚至于成了我一生最重要的心灵导师和学术导师。

感谢双流教育科学研究院和成都市教育科学研究院，从区学

科大比武到市学科带头人，从区学科中心组成员到市学科中心组成员，从区名师工作室到市名师工作室以及成都市数字学校，成都市"名师好课"送教活动……每一次教研员们的指导与帮助都是雪中送炭，春风化雨：赵剑云老师、杨独明老师、王秉蓉老师、程一凡老师、戴宏老师、黎炳晨老师、袁文老师送来了各种培训、各种研究、各种舞台，让我的事业生长不曾缺少重要元素。"成都市首届未来教育家"的培训活动，北京、上海、浙江、台湾和世界先进教育强国芬兰的教育考察，都是党和政府送来的催化剂。成都市教育局和教科院各级领导细致的关怀，为共同的理想和信念奋斗而结成的深厚友谊和砥砺的学术品质，已深深烙刻在灵魂里。特别感谢成都市教育局，组织的培养，领导的关心，一一数来，感怀不已。

感谢我众多的师傅们。

初到棠中时，或是上天的眷顾，我的师傅便是教研组长杨开清老师，激情且富有豁达情怀，智慧并兼具创新精神，使我收获良多。后来的二十几年里，我们亦师亦友，在前行的道路上一直得到他的关心与照顾，这本书的结集与完善，就是在他的督促和帮助下完成的。

感谢卿平海老师的无私指导和真诚关爱，让我迅速成长。后来，卿老师成为成都市首批工作室导师，我有幸成为他的弟子，更加得到师傅的细心指点和用心提点。难忘每次送教时的"如切如磋，如琢如磨"，难忘每个关键时刻的指导与引领，多年的缘分值得一生用心珍藏。

感谢成都师范学院教师培训管理中心主任李德树先生，我进修本科时的四川省教育学院中文系书记，我参加四川省首届骨干教师培训时的班主任，幽默豁达，真诚无私，每一次培训都成为我期盼的聚会和心灵的相遇。在他的引见下，与成都师范学院培训中心、中文系有了更多接触，更多的良师益友让我有了诸多收获，像热情的郭宇老师、郭策老师，都给我以不少的帮助。

感谢四川省教研员何立新老师，在四川省教学教研的平台上，得到他的耳提面命，获益匪浅。四川省新课程培训、四川省新教材培训、四川省省级送教活动、四川省赛课活动、四川省命题活动……太多的机会举不胜举，更为重要的是将我引进全国中语会的殿堂，学术的视野与研究的范围得到了进一步的提升。现在，我加入何老师领衔的四川省首批初中语文工作室，迈入新的征程。

在何老师的引见下，还认识了四川师范大学博士生导师靳彤老师，直接聆听部编教材编者的指导……感谢两位老师直线指导四川省刘勇名师工作坊的研究工作。

感谢成都大学的周小山院长，周老师是我成为成都市首批未来教育家的伯乐，是我中国教育学会专项课题的结题指导专家，也是一直关心、关注并引领我前行的老师。于我而言，您是师者，亦是儒者。谢谢您！

感谢四川师范大学的张伟教授，您在我稿件初写阶段，给予我无私的指导。理论的顶层设计，框架的架构，语句的梳理，特别是您温暖的笑容、亲切的鼓励、智慧的点拨，让我的书稿明晰通透。谢谢您！

感谢我的导师顾之川先生，儒雅博学、谦逊热情的您成为我仰止的高山。从第一次相见至今，无论您多么繁忙，也无论我多么幼稚，您总是微笑着指点，和蔼中提携。感谢老师引领我结识了史绍典先生等全国语文教育教学大伽！感谢上天赐予的难得的生命遇见！感谢老师为我的拙作提携作序！

感谢为我课堂实录点评的史绍典老师、程少堂老师、肖培东老师、徐杰老师、靳彤老师、何立新老师、李德树老师，谢谢大家，我的老师们，我的朋友们。

感谢指引我、培养我的四川师范大学、西华师范大学的众多

老师们，感谢你们。

感谢一路陪我成长、给我教师幸福感的所有的同事们和同学们。

写到此时，我的书稿已敲完最后一行。

扬首窗外，晨曦微露，阳光透过远方的薄云洒下金光。

成都，你的这个冬天真美！

2019 年 12 月于翰林上岛